狭さを生かした庭づくり

ベランダガーデニング ベストガイド

Veranda gardening best guide

g
グラフィック社

3
9
521

c o n t e n t s

スタイル別ガーデンコレクション

床には、可動式の連結パネルを敷く。柵に取り付けた横板は、ランダ[illegible]ペイントし、古びた雰囲気を出している。

veranda1

アンティーク・ガーデンスタイル

広々としたリビングは、美しいベランダを眺める特等席。
アンティーク品を配したガーデンに
個性ある植物をコーディネート。
流行に左右されない、落ち着いた雰囲気が魅力です。

antique garden style

大阪府・木村美奈子さん

左：「PFAFF」の文字が入ったミシン台は、チェコ製のアンティーク。右：グリーンネックレスを入れたジョウロは、アンティーク調に作られたもの。下：ミシン台の下には、テイカカズラを仕込んで。５〜６月に黄色味を帯びた白い花を咲かせる。

一見して用途がわからないこの道具は、アンティークの製版機。添えられたエッフェル塔の置物がかわいらしい。

風にそよぐ植物と、
アンティークを合わせ
暮らす人の心を豊かにする
上質なアンティーク・ガーデン

左:ベランダは、南向きで日当たり抜群。
右：リビングルームから見た、ベランダの全景。ご主人は、ソファから眺める、ベランダの光景がお気に入り。

ナチュラル過ぎず、モダン過ぎず
アンティークを散りばめた、上品なガーデン

日当たりが良く、眺望も抜群のマンションに暮らす、木村さんご夫婦。生活の中心であるリビングルームの目の前にベランダがあり、半分のスペースでガーデニングを楽しんでいます。
「この形になるまでは、適当に植物の鉢を並べるだけでしたが、リビングルームとベランダの雰囲気を統一させたいという思いがあり、ガーデニングをはじめました」

と、奥さんの美奈子さん。２年ほど前、植物やアンティーク品の販売、ガーデンデザインを手がける「レヴ・クチュール」の吉村さんの存在を知り、コーディネートを依頼しました。
「木村さんのご希望は、落ち着いた雰囲気であることと、目の前の眺望を遮らないで欲しい、というものでした」

そこで吉村さんが考えたのは、ヨーロッパのアンティークを散りばめた重厚感ある空間構成です。ドイツ製のミシン台を鉢置き棚として使用するほか、ベランダの柵にイギリス製のアイアンフェンスを取り付け、空間のベースを作りました。また、眺望を妨げないため、柵に取り付ける横板の間隔を広く開け、既存の柵を隠しながら、開放感を出すようにしました。そうしてでき上がったのが、上品さが漂う、このベランダガーデン。ご主人は植物にまったく興味がなかったそうですが、今ではご主人が水やりの担当に。朝起きると、ジョウロを片手にベランダに直行するのが日課だそうです。
「新芽が出た、花が咲いた、そんなことが楽しく、待ち遠しく思えるようになりました」

どうやら、ガーデンが木村さんご夫婦の生活に、新たなスパイスを与えてくれたようです。

**アイアンのガーデン柵で
やわらかな空間作り**

もっとも目を引く位置に、アイアンフェンスを配置し、ベランダ全体をやさしく、エレガントな雰囲気に。

**小道具で壁面にも
アイキャッチを作る**

横板にアイアンのプレートを取り付け、単調になりがちな壁面に視覚的な変化をつける。

アンティーク雑貨で
オリジナリティを出す

**アイアン使いで
トータルな印象を与える**

アイアンの小道具は質感やテイストを揃え、空間全体に統一感を持たせる。

**重厚感のある
ポットスタンドを
フォーカルポイントに**

ベランダの端に置いた、アンティーク調のポットスタンド。存在感があるため、周囲にはあえて何も置かず、シンプルに。

**ミシンや製版機などの
機械をオブジェに**

アンティークのミシン台を鉢置き棚に。その高さを利用して、見事に茎を伸ばした、ハートカズラやグリーンネックレスをディスプレイ。

アンティークの風合いが生きる
世界にたったひとつのくつろぎ空間

アンティーク雑貨が上品な雰囲気を醸し出す、このベランダ。しかし、すべてをアンティーク品にするのは予算的にも大変なこと。そこで、もっとも目を引くアイアンフェンスとミシン台をアンティークにして、重厚な雰囲気を作りました。それにより、ほかの小物を現行品にしても、まったく違和感はありません。

ベランダの床に部屋の床と違和感のない色合いのタイルを敷くことで、部屋との統一感を演出できました。ベランダが部屋の延長のように感じられ、開放感もたっぷりです。

葉が小さい、細いもので光を部屋に届ける

風に揺れる姿も美しい繊細なイメージの植物たち。

ワイヤープランツスペード

名前のとおり、葉の形がスペード型。丸葉の品種同様、丈夫で管理しやすい。

カレックス

個性的なフォルムと葉の渋い色合いは、アンティーク調の空間に良く馴染む。

ハツユキカヅラ

日当たりが良いと、葉が白やピンクに変化。紅葉した姿はポイント使いに。

アスパラガス・プルモナス

繊細な枝葉が美しく、上品な雰囲気作りにぴったり。夏の直射日光は苦手。

オウゴンカズラ

テイカカズラの斑入り品種。新芽はオレンジ色で生長すると黄色に変化する。

ソフォラリトルベイビー

ニュージーランド原産。小さく可愛らしい葉と、曲がりながら伸びる枝が特徴。

植物たちにとって好条件のベランダ

マンションの12階にある南向きのベランダは、日当たりも風通しも抜群で、植物にとっては恵まれた環境といえる。しかし、それだけに乾燥しやすく、風当たりも強い。強風時には植物を室内に避難させることも多い。

ベランダの広さ：幅 845cm ／奥行き 130cm
柵のタイプ：柵
手すりの色・素材：黒・鉄製スチール
日照条件：南向き、日当たり良好
雨、風当たり：雨当たりは少ないが、風当たりは強い
お手入れ：毎日、夏の水やりは1日2回

光を遮らないための植物を選ぶ

重厚感ある空間で、存在感をアピールする繊細かつ個性的な植物たち

採光と眺望を確保するための工夫のひとつは、柵の横板の間を広く開けること。そしてもうひとつは、葉の小さい植物を選ぶことでした。またフランネルフラワーや真珠コケモモのように、花や実は白で統一し、全体的に繊細なイメージに仕立てています。

噴水状に伸びるカレックスやジグザグの枝ぶりが印象的なソフォラ、下垂するハートカズラなど、どの植物もフォルムは個性的で、アンティークに負けていません。雑貨と植物の存在感のバランスは見事です。

下垂する植物をうまく利用する

印象的なフォルムで、空間に動きをつける。

テイカカズラ

銀色がかった葉色と、尖った形が目を引く、印象的なつる性植物。

ハートカズラ

つる性の多肉植物でハート形の葉がかわいい。床に届くほど伸びたつるが見事！

グリーンネックレス

明るい緑色の丸葉がかわいい多肉植物。ハートカズラとの色の対比がきれい。

真珠コケモモ

真珠に似た白い実は熟すと薄紫色に。アンティーク調ボウルスタンドに入れて。

左：L字型の広々としたベランダ。飾り棚やパーゴラ、ガーデンテーブルなどを置き、ベランダをフルに活用する。右：友人が訪ねて来たときは、このガーデンテーブルでティータイム。

veranda 2

ロマンティック・ガーデンスタイル

苔むした鉢や風合いあるガーデンファニチャー、
そして、悠然と枝葉を伸ばす植物たち。
自然で優雅で、ロマンティックなベランダガーデンに
今日も野鳥たちが遊びに来ています。

romantic garden style

埼玉県・飯野博子さん

季節の移り変わりと
時の流れで姿を変える植物たち
その豊かな表情に魅了されて

「庭でできることと、ベランダでできることは違うと思います。この空間で楽しむことをしたい」。窓枠を模した鏡を家の壁面に取り付け、シュガーバインを配置。

ベランダの西側から見た、南側のベランダ。夜はランタンやガーデンランプを灯し、ライトアップ。

植物たちのざわめきと
鳥のさえずりが
聞こえる庭は
心と身体をやさしく癒す

「あまりきれいすぎるのは苦手で、ちょっと崩したくらいの雰囲気が好き」。あえて色の違うレンガを使うのも、そのため。使い込んだ床板や苔むしたレンガが素敵。

左上：壁面には飾り棚を作り、ディスプレイスペースに。ヘデラを這わせることができるのは、一軒家ならでは。右上：飯野さんが手作りした窓枠。右側にあるのは、カロライナ・ジャスミン。壁に立体感を持たせるため、この場所へ。大きくなりすぎないよう、小さめの鉢に植えている。左下：自宅でヒーリングサロンを開いている、飯野さん。「サロンから庭が見えることも、体を癒す効果がある」と話す。右下：小ビンやビオラを飾った、ちょっぴり華やかなディスプレイ。

何もない空間から手作りした
ロマンティックでナチュラルな庭

飯野さんの自宅は３階建ての一軒家。２階にある広々としたベランダで、ガーデニングを楽しんでいます。ベランダを広く造ったのはガーデニングをするためでしたが、初めは単なる“鉢並べ”状態だったそうです。

意識が変わったのは８年ほど前。オープンガーデンやおしゃれな雑貨店などを訪ねるうちに、庭の空間作りに目覚め、５年間をかけて今の状態まで作り上げました。

「ベランダという人工的で限られた空間を、いかに自然な雰囲気にするか、それが私のテーマです。鉢やレンガに生えた苔、雨風に当たってペンキが剥げてきたベンチなど、きれいに整いすぎているものより、時間が経って古くなった雰囲気が好きです」

床板やパーゴラ、柵などは彼女自身で設置したもので、味が出るようにラフにペイント。年月が経過したことで、より自然な雰囲気になりました。ここでは床に落ちている枯れ葉さえも絵になってしまいます。

植物たちは広いベランダで伸び伸びと育っています。パーゴラに絡ませたバラやクレマチス、外壁を覆うように絡んだ大葉のヘデラ、シンボルツリーのトネリコ。大きく育った緑の中で、控えめに花が咲く風景が好きで、季節感が楽しめる宿根草や香りのするハーブ、小さな花を咲かせる植物を育てています。また、夜も楽しめるようランプも取り付けました。お風呂上がりにバラの香りを楽しむのが、最高の幸せだそうです。ずっと佇んでいたくなる空間です。

**大胆にもひとりでDIYをした
自慢のパーゴラ**

窓枠の上に横板を渡し、パーゴラの梁をその上に載せている。デラウェアを絡ませている。

徹底したDIYで
理想の庭を実現する

**レンガを積み上げて高さを出し
棚の役割も担うようにする**

ベランダのあちこちに置いたレンガは、鉢受け台やディスプレイ台としても重宝。

**用具ボックスや
バードフィーダーも手作り**

大小さまざまなものを手作り。鳥たちはひまわりの種を目当てに毎日やって来る。

**壁には棚を設置し、
レンガを埋め込み、ポイントに**

棚受けを取り付け、白くペイントした板を載せた飾り棚。小さな鉢を置いて楽しむ。

「もっと素敵に！」その思いで
理想の庭を作り上げていく

思い立ったら、すぐに行動に移すのが飯野さんのモットー。リビングルームから見えるパーゴラは５年前、たったひとりで、しかも１日で作り上げたものです。ほかにもガーデン用品の収納ボックスや壁面の飾り棚、バードフィーダーなど、さまざまなものを手作りしています。全体に使用している色は、植物の色が映える白。壁の一部や窓枠、ウッドボックスは、ブルーグレイをポイントカラーに使い、庭全体の統一感を演出しています。
「今は奥の庭の改装を考えています。寝室の前にパーゴラを作って、バラを植えたいです」
今後も、庭はさらに進化していきそうです。

**日差しが強いときのための
カーテンアイディア**

パーゴラの横板に針金を渡してピンチを取り付け、布を挟んでおしゃれなカーテンに。

ボリューム感を出すためのもの

つる性植物を中心にして、空間をグリーンで埋める。

モッコウバラ

パーゴラの下から、満開の花を眺めたくて植えた。花は5月が見頃。

オリーブ

銀色の葉が美しく、アクセントに取り入れた。昨シーズンは10粒を収穫。

トネリコ

トネリコが作る木漏れ日が好き。小さな葉が揺れるたび、風を感じさせる。

ヘデラ

隣にある、手作りの飾り棚を引き立てるため、常緑のヘデラをチョイス。

メキシカンセージ

高低差の演出のために選択した。ベルベットのような紫色の花が美しい。

空間にメリハリをつけるための植物たち

ジャスミン・ステファネンセ

花はピンク色。つるバラのポールズ・ヒマラヤンムスクを一緒に絡ませて。

カロライナジャスミン

香りのガーデンを作るために選んだひと鉢。常緑であることが魅力。

地面を覆うために利用するもの

背の低い植物や地這性の植物でグランドカバー。

エリゲロン

下垂性で常緑。5月頃、薄いピンクの花が咲く。野の花のような素朴さが魅力。

ネメシア

3～11月、薄いピンクの花が咲く。丈夫で花持ちが良く、香りもよい。常緑。

チェリーセージ

ハーブは丈夫で育てやすいのが魅力。7～11月まで鮮やかな赤い花が咲く。

南と西に向いた、L字型のベランダを使用

ベランダガーデンとしては恵まれた広さだが、広いだけに散漫にならない工夫が必要。つる性植物を絡ませたパーゴラやシンボルツリーの配置で庭のベースを作っている。ガーデンファニチャーも多用し、表情豊かな庭となっている。

ベランダの広さ：幅900cm／奥行き180cm、
幅300cm／奥行き400cm
柵のタイプ：壁（手前に木製の塀を取り付け）
手すりの色・素材：茶・アルミ製
日照条件：南向き、日当り良好
雨、風当たり：弱い
お手入れ：毎日、夏の水やりは1日2回

その場に合った植物選びと植え方でベランダガーデンを地植え風に見せる

広い空間にメリハリをつけるには、要所要所にポイントとなる大きな植物が必要になります。パーゴラにジャスミンやモッコウバラを絡ませ、目線以上の高さにボリューム感。殺風景になりがちな壁面にはヘデラやヘンリーヅタを這わせています。奥の庭では、生育させて8年目になる大きなトネリコをシンボルツリーに。

また、地植えに見えるよう、足元の低い位置に下垂性のエリゲロンや地這性の植物を置いています。さらに、鉢は極力シンプルな形を選び、鉢の存在を感じさせないように気を配っています。この庭には、自然に見せるための工夫と努力がたくさん詰まっているのです。

veranda3

トロピカル・ガーデンスタイル

開放感あるベランダの主役は、異彩を放つトロピカルグリーンたち。
心地よい風に、ゆったりと葉を揺らす姿を眺めているだけで
南国のリゾートホテルを訪れたかのような気分になる、優雅なガーデンです。

tropical garden style

東京都・畠山優子さん

「我が家を大好きなハワイアンの世界に」一途な思いで作り上げた、トロピカルグリーンの楽園

広いベランダには、旅人の木やソテツ、モンステラなど、大型の観葉植物が並ぶ。南国情緒にあふれ、マンションのベランダであることを忘れてしまいそう。

左：日当たりが良いこともあり、ベランダは乾燥しがち。「本当は素焼き鉢の方が好きですが、乾燥を避けるため、プラスチック鉢に植え、素焼き鉢はカバーとして使うことも多いです」右：たっぷりと日光が降り注ぐ午前中は、大好きな時間帯。「太陽が当たっていると、葉の色は一層きれい。２倍元気に見えます」

ダイナミックで個性的！
生命感あふれる熱帯植物に夢中

ガーデニング歴が 30 年にもなるという、畠山さん。1 本のポトスから始まり、バラやハーブ、季節の草花など、さまざまな植物を育ててきたそうです。そんな彼女が夢中になっているのは、トロピカルグリーンの世界。

「かつて娘の結婚式で訪れたハワイで、青い海やカラフルな花々を見て以来、その美しさに取りつかれてしまったの！」

帰国後は、ひたすら南国風の植物を集めるように。ベランダは、わずか 1 年でトロピカルガーデンへと変貌しました。しかし、南国風の植物を集めるのは、そう簡単ではないようです。

「トロピカルグリーンの専門店が少なく、大きなものは高価で手が出ません。でも、私は妥協せず、安価で購入できるものを探します。株が小さければ、自分で育てて大きくします！」

ベランダの植物は、どれも元気いっぱい。日当たりや風通しが良い環境であることも大きな理由ですが、長年の経験で得た管理法にも秘密がありそうです。

「植物には米のとぎ汁を与え、卵の殻は細かく砕いて土に混ぜています。また、土が硬いと水が浸透しないので、棒を刺して土をほぐしています。棒が刺さらない場合は、根詰まりの可能性があるので、植え替えの目安にもなりますね」

植え替えの際は、あまり大きな鉢を使わないのがコツ。中に余裕がありすぎると、根ばかりが生長し、花が咲かなくなってしまうからです。家が大好きなのと話す、畠山さん。日光を浴び、生き生きと葉を広げる植物を見ていると、幸せな気分になるのだとか。その言葉にも納得の、生命感が溢れる、明るいガーデンです。

ベランダでリゾート気分を満喫
居心地の良いプライベートガーデン

ベランダの柵は、日光を遮らない磨りガラス製。どこに鉢を置いても、しっかり日が当たる。

上：ヒヤシンスソファの位置から見た、ベランダの全景。窓側の棚では、観葉植物や多肉植物を育てている。右：窓は大きく開放感は抜群。正面に隣接して建物がないため、カーテンはいつも開けっ放し。リビングルームやキッチンから、ベランダを眺めるのは至福のひととき。

南国ムードの演出に欠かせないテクニック

小道具も南国テイストを重視する

ソファが、南国風のテイストを決定づけている。雨当たりのないベランダだからこそできる、ディスプレイ。

高低差をつけて配置する

鉢スタンド、椅子、棚を使って高低差をつけることで、メリハリのある空間に。

ガーデン資材を使って花壇風に演出

レンガ柄のガーデン資材を花壇風に仕立て、大きな寄せ植え風に。

インテリアもトータルコーディネート

室内インテリアも南国風。窓辺に観葉植物を置き、ベランダとの一体感を演出する。

大胆なディスプレイで南国風ガーデンのベースを作る

　このベランダガーデンで真っ先に目を引くのは、大振りな観葉植物と、アジアンテイストのヒヤシンスソファでしょう。

「以前はリビングで使用していましたが、座り心地が良くないので、ディスプレイ用としてベランダへ。なかなか絵になるでしょう？」

　大きめの鉢とソファを置くことで、南国風空間のベースを作ることができました。

　植物の鉢選びも、空間を作り上げる上で大切な要素です。観葉植物には白と素焼きの鉢、サイズの小さい植物はブリキの鉢に。多肉植物の寄せ植えにはデコラティブな鉢を使うなど、コーナーごとにトーンを統一しています。

鉢のカラーや質感を統一する

鉢のカラーはコーナーごとに統一。白い鉢は葉色を生かし、明るい空間に仕立てる。「ウンベラータの鉢はちょっと高かったけど、大のお気に入り！」

トロピカル・スタイルを作り出す植物たち

色鮮やかな葉の植物を取り入れて明るくゴージャスなイメージに

観葉植物が多いため、ベランダ全体が緑一色になりがち。そのため、赤や白の葉の植物や斑入りの品種を取り入れ、華やかな雰囲気を出すようにしています。また、観葉植物は屋内で生育させるものというイメージがありますが、畠山さんは、まったく寒さに耐えられない品種以外は、冬も屋外で育てています。さらに、真夏の直射日光は、植物の種類によって、葉焼けを起こすので注意が必要です。

「枯れるのは、その植物が環境に合わなかったから。でも、どんなベランダでも育てられるものはあるはず」

失敗を恐れず、複雑に考え過ぎず、まずは気に入った植物に挑戦してみるのが、上手に生育させるポイントなのかもしれません。

大型植物で大胆に魅せる

伸び伸びと育て、植物の個性を生かす。

モンステラ

この庭で、もっとも大きな植物のひとつ。葉の深い切れ込みがユニーク。

アガベ

3年ほど前に入手したアガベ。斑入りの葉と、白い鉢との相性が抜群。

ウンベラータ

1000円台で購入したウンベラータは3年で倍近くに生長。冬は室内に取り込む。

旅人の木

大きな葉が美しい、お気に入りのひと鉢。冬は室内で生育させる。

フェニックス

ひとつの鉢に2株を植栽。まだ丈が低いため、スタンドで高さを調整。

ハイビスカス

ハワイでハイビスカスの生垣を見て感動。数少ない花ものの鉢。

ベランダで熱帯植物も生育させてOK！

真夏の直射日光と急激な寒さを避け、環境に順応させる。

カラジューム

カラフルなカラジュームは、ベランダのポイントカラーとして欠かせない。

アイチアカ

センネンボクの一種。濃い赤と紫の葉が、ベランダ空間をグッと引き締める。

インコアナナス

その名の通り、黄色と赤のつぼみがインコの羽のような、パイナップル科の植物。

スパティフィラム

観音竹やアナナスとともに寄せ植え。花の寄せ植えより持ちが良く、扱いやすい。

L字型ベランダの半分を使用

東側と南側に向いたL字型のベランダ。当初の設計図で、南側に設置予定だった物干スタンドを東側に移動させたことで、南側全面をガーデンスペースとして利用可能にした。生活感を排除したことで、理想の空間作りに成功。

ベランダの広さ：幅800cm／奥行き200cm
柵のタイプ：格子柄の磨りガラス
手すりの色・素材：シルバー・アルミ
日照条件：南向き、日当たり良好
雨、風当たり：雨当たりは少なく、風当たりは普通
お手入れ：毎日、夏の水やりは1日2回

左：リビングルームから見た、ベランダの風景。アンティーク調のアイアンフェンスやドット柄のピッチャーなど、お気に入りの雑貨を並べている。
右：「5」のプレートを入れた寄せ植えは、芝田さんの手によるもの。テーマは田舎風。

veranda 4

スウィート・ガーデンスタイル

ピンクやパープルの花が咲き乱れるベランダは
やさしくて、温かくて、どこか懐かしい雰囲気。
晴れた午後は、ずっとここに座っていたい——
そんな気持ちにさせてくれる、スウィートなガーデンです。

sweet garden style

千葉県・芝田智美さん

ミニバラや、八重咲きのモッコウバラなど、小さくて繊細な花が好き。色は白やピンク、パープルで統一している。

ぽかぽかとした日差しの中、
花を眺めながら、のんびりランチタイム
ガーデンで過ごす、贅沢なひととき

ベランダ奥へと向かう通路は、森の小道をイメージしたもの。足元にしっかりと植物を茂らせ、鬱蒼とした森を表現している。

ガーデンテーブルの上には、お気に入りの雑貨をディスプレイしている。アイアンの「5」のプレートは、友人からのプレゼント。

花々が咲きそろう空間は、第2のリビング
温かみのある田舎風ベランダガーデン

　芝田さんが本格的にガーデニングを始めたのは、2年ほど前のこと。たまたま訪れたインテリアショップで、ガーデンファニチャーを購入したのがきっかけでした。

「テーブルと椅子をベランダに置いてみたところ、とてもしっくりきて、ベランダをひとつの空間として見られるようになったのです。それまでも植物はいくつか育てていたのですが、本格的にガーデニングをやろうと思ったのは、このときからです」

　どんなことでも、はじめたら本気で取り組む彼女は、鉢を置くためのポテトボックスやガーデン雑貨などを取り入れ、少しずつベランダの風景作りに励み、育てる植物も増やしていきました。

「ベランダのテーマは“田舎風”。洗練されすぎていない、山小屋のような雰囲気が好きです。きらびやかなものより、どこか懐かしいと感じられる空間を目指しています。今も完成したわけではありませんが、徐々に形になってきたと思います」

　ブリキの器やホーローのボウル、ペンキの空き缶など、さまざまな素材の器が鉢として使われています。ハンドメイドが好きということもあり、鉢のペイントやガーデングッズの手作りなどを楽しんでいます。

「プラスチック鉢もアクリル絵の具でペイントするとかわいいですよ。ぜひ試してみて！」

　花と緑でこんもりと茂ったベランダは、彼女にとって、特別なくつろぎ空間に。晴れた日には、ガーデンテーブルで花を眺めながら、ひとりのんびりとランチを楽しむのだそうです。

ヨーロッパの田舎町を偲ぶ かわいい花たちが出迎えてくれる 緑いっぱいのガーデン

左：ガーデンテーブルの下には木製の車輪を置き、グラスと組み合わせて田舎風に演出。車輪に掛けた麻袋は 100 円ショップで入手。右：ハートカズラを植えた白い器はミルクボックス。底に穴を開けていないため、根腐れ防止剤を仕込んでいる。左下：園芸店で手に入れたペンキ缶。キュートなイラストがお気に入り。右下：ミニバラが大好きという、芝田さん。「バラを育てるのは難しいだけに、咲いたときはとてもうれしいです」

テーブル下にも植物を置き地面を埋める

意外に盲点になりがちなテーブルの下にもしっかりと鉢を置き、ナチュラルさを表現。カレックスとシコンノボタンの色の組み合わせが絶妙。

好きな数字プレートをアクセントにコーディネート

「なぜか数字の5が好き」という芝田さん。プレートやオブジェなど、ベランダのあちこちに"5"を散りばめている。

視線を低い位置に導くための雑貨アレンジ術

アイアンフェンスやランタンで壁面に景色を作る

錆び加工を施したアイアンフェンスやランタンで、人工的な壁面をやわらかな印象に。

圧迫感を感じさせないよう間隔を開けタイルを置く

ランダムに敷いたタイルが日本庭園の飛び石のよう。間隔を開けてすっきりとしたイメージに。

低めの視線で空間をイメージしながらより多くの植物を取り入れる

ベランダガーデニングを始めるときに誰もが悩むのが、「洗濯物を干すスペースをどう確保するか」ということ。ベランダを左右に分けることもひとつの手ですが、芝田さんの場合は上を生活スペース、下をガーデニングスペースにしています。そのため、植物は低い位置に、高さを抑えて配置しています。

「空間を作るときは、中腰になってのぞいたときの視線をイメージしています」

これによってベランダ全体が使えるため、より多くの植物を育てることができるのです。

ただ置くだけではなくアレンジする工夫

ふるいにペンキを塗り、アクリルペイントしたプラスチック鉢に麻ひもを結んだり。細かな部分にもこだわり、ひと手間をかける。ドット柄のピッチャーには、小さな鉢を入れてディスプレイ。

人工的な雰囲気を消すための植物使い

下垂する植物で隠す

つるや葉のカーテンで空間を美しく埋める。

ピレア・グラウカグレイシー

小葉と赤い茎のコントラストがきれい。ウッドボックス上から茎を垂らす。

ハートカズラ

名前の通り、葉はハート形。鉢は、ほどよく風合いの出た牛乳ボックスを使用。

グレコマ

斑入り葉が美しく、通年鑑賞可。夏の直射日光に当たると葉焼けするので注意。

ワイヤープランツ

見た目は繊細だが、とても丈夫。耐陰性もある。ウッドボックス内で管理。

シュガーバイン

ガーデンテーブルの上から垂らし、見事に生長した姿を強調させている。

クローバー

地を這うように伸びるクローバーの鉢を床置きし、足元をこんもり茂らせる。

たくさんの花で埋め尽くす

白、ピンク、パープル。花は3色で統一する。

ミニバラ

ガーデンでもっとも華やかな姿を見せるミニバラは、お気に入りの鉢のひとつ。

ビオラ・ムーランルージュ

ビオラは数鉢あるが、いちばんのお気に入り。フリフリとした花びらが豪華。

バコパ

素朴な雰囲気のバコパは、田舎風ガーデンのイメージにぴったり。

ネメシア

白いビオラや白いちごと寄せ植えしたネメシア。次々に花を咲かせている。

こんもりと茂る植物たちで床や壁の存在感を消し去って

田舎風ガーデンを目指す芝田さんにとって、人工的な壁面や床を隠すことは、大きな課題。

「お気に入りのサインボードなどを使って、壁を隠すようにしています。本当はラティスなどを一切使わず、花で壁を隠したいですね」

下垂性の植物は上から床までしっかり垂らし、中間は色のある花たちで埋め、床は半日陰でも育つヒューケラや丈の低いもので、埋めるように配置しています。生き生きと大きく育っている植物たちは、人工的な壁や床を忘れさせるほどの存在感を放っています。

ボリュームいっぱいに茂らせた植物

花が主役の植物、下垂性の植物、半日陰で育つ植物など、それぞれの特性を生かした配置で、ベランダを茂った雰囲気にすることに成功。また、ポテトボックスや車輪等、木製雑貨を活用し、田舎風ガーデンのイメージを作っている。

ベランダの広さ：幅 800cm ／奥行き 120cm
柵のタイプ：壁
手すりの色・素材：ベージュ・コンクリート製
日照条件：南向き、日当たり良好
雨、風当たり：弱い
お手入れ：毎日、夏の水やりは1日2回

シンプルなデザインが美しい白のアイアンフェンスは、フランスのアンティーク。

veranda 5

ボーイッシュ・ガーデンスタイル

グレイを基調とした空間は、落ち着きがあってシック。
それでいてお茶目な一面もある、オシャレなベランダです。
さりげなくディスプレイされたアイアンのガーデンファニチャーやミニカーなどの小物が、植物たちの個性を引き立てています。

boyish garden style
大阪府・栗根洋子さん

赤い実がかわいらしいジュズサンゴ。その奥に置いているフランスのホテルの看板が、シックで大人の雰囲気を演出している。

少年のような遊び心と
緑を愛でる乙女心を持ち続ける
大人のための小さな秘密基地

一軒家の２階部分に作られた、L字型のベランダ。周囲には家が建ち並んでおり、粟根さんがデザインした木製の柵は、目隠しとして効果的に使われている。

植物選びも
小物選びも妥協はなし
大好きなものだけに囲まれた
美しくて心地いい空間

左:ウッドボックスや鉢スタンドで高低差をつける。ウッドボックスは直置きせず、レンガの上に設置し、高さを出すと同時に水はけを促す。右：部屋側から見たベランダ。アイアン製のラックやフェンスの黒い色合いが、空間を引き締め、統一感も演出。下：その昔、お金持ちのお坊ちゃんが遊んでいたという、日本製の車のおもちゃ。西洋の車に憧れ、真似て作られたもので、博物館展示の計画もあったという貴重な一品。

左:フランスレースのような美しい物も好きだけれど、ボーイッシュに車や飛行機も大好き。シックな空間に、黄色い飛行機が良く映える。右：鉢受け台として使っているホーロー製のものは、骨董店で入手。ランプシェードのように見えるが、本来の用途は不明。

ゆったりとした配置と統一感が見事な ガーデニング上級者の美空間

ベランダの全景を見たとたん、思わず歓声を上げました。壁や床の色はグレイ、植物を植えた鉢は黒に統一。床や鉢の傍らには、栗根さんが収集したミニカーや模型の飛行機が点在しています。シックで落ち着いた空間でありながら、秘密基地を探検しているかのようなワクワクした気持ちになってきます。

自宅1階のショップでキルト教室を開いている彼女にとって、このガーデンはリフレッシュするための大切な空間。教室を終えると真っ先にベランダに向かい、植物を眺めるのが習慣になっています。

「子供の頃から植物が大好きで、家の中でも花を切らしたことがありませんでした。その頃から、庭に自分の花壇を持っていて、勝手に植物の名前を付けて遊んでいましたね」

美しい空間作りのため、心がけているのは統一感。色を氾濫させないため、鉢は同じ素材、同じ色合いをチョイス。装飾に関しても、アンティーク品や鉄素材のものなど、テイストを合わせています。そしてもうひとつ大切なのは、空間のバランスです。ガーデニングを始めると、あれもこれも育てたい！と欲が出て、いつの間にか鉢でぎゅうぎゅう詰め、ということも多いもの。グレイと黒というダークカラーを基調にしながらも、重い雰囲気になっていないのは、余裕のある配置をしていること、軽やかな印象の植物が多いことが挙げられるでしょう。

本当に好きな植物と雑貨を厳選し、間を活かしたディスプレイを楽しむ。確固たる美意識を持った彼女だからこそできる、上質なベランダガーデンです。

壁板のカットや
カラーも工夫する

木の柵は斜めにカットして、軽やかな印象に。
車のナンバープレートがポイント。

こだわりのアイテムで オリジナリティを追求する

アイアンのラック使いで
重厚感を出す

10年前に購入したアイアン製の鉢スタンドはアンティークのような風合いに。柵の３カ所に同一のアイアンラックを取り付け、重厚感と統一感を出す。

好きなミニカーや
模型をディスプレイ

栗根さんのお茶目な一面が垣間見えるのが、ミニカーや模型のディスプレイ。シックながらとってもキュート！

ベースはシックな色合いに統一し
お気に入りの小道具で個性を演出

ガーデンのテーマカラーであるグレイは、栗根さんがいちばん好きな色。数年前、ベランダに木の柵を取り付けることになった際も、ごく自然にグレイを選んだそうです。柵の高さをランダムにして、木を斜めにカットするデザインは、彼女自身によるもの。その効果は絶大で、ぐるりと柵がベランダを囲んでいるにも関わらず、閉塞感や圧迫感はありません。落ち着きがある色合いのおかげで、アイアン製のガーデングッズがしっくりと馴染み、ミニカーなど、小道具の存在も際立っています。

小道具にも気を使い
スタイルを作り上げる

園芸用品は、ブリキのバケツやアイアンのホルダーに収納。錆びついたホルダーの風合いがすてき。

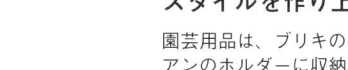

動きがある植物

細葉の植物や下垂性の植物で空間に変化をつける。

コルジリネ

赤紫の葉色が美しいコルジリネ。ベースカラーの黒とグレイとの相性は抜群。

フウチソウ

こんもりと茂った姿が美しい日本原産の固有種。半日陰気味の位置に置く。

エレンダニカ

深い切れ込みのある葉が魅力。ホーローの洗面器を鉢カバーにして。

フィッシニア

別名クリスタルグラス。白い縁取りのある、細い葉が個性的な植物。

形がユニークな植物たち

丈夫で育てやすい、個性派植物をセレクト。

木立アロエ

ポピュラーな植物だが、湾曲した姿が新鮮な印象。車のおもちゃの上に配置。

ホヤレツーサ

細い葉が、たらんと垂れ下がりながら生長する姿が気に入っている。

コロキア

銀色の葉が恰好いい、ニュージーランド原産の常緑低木。丈夫で耐寒性もあり。

ジャガランタ

スッと伸びた姿と、風に揺れる繊細な葉が、軽やかで美しい。原産地は南米。

小さな実をつける植物

ベランダに華やかさを与えるかわいらしい実。

クラリンドウ

垂れ下がりながら咲く姿がかわいい。花が終わると赤いガクの中に実をつける。

ジュズサンゴ

真っ赤に熟した実と紅葉した葉がきれい。ベランダでいちばん目立つ場所に。

個性的なフォルムの植物で動きを出す

それぞれの特性を活かした配置で個性派植物を元気に育てる

育てている植物の数は決して多くはありませんが、こだわって選んだ個性的な品種が揃っています。日当りの良いベランダ奥側には、コロキアやジャガランタ、ジュズサンゴ、半日陰になる手前側には、比較的、耐陰性のあるフウチソウやホヤ、エレンダニカなどを置いています。植物の性質を見極めた配置は、さすがベテランガーデナー！　バラが満開になる春も、花が少ない冬の風景も好き、という栗根さん。植物たちが見せる四季折々の姿を、心から楽しんでいるのです。

日当り良好なＬ字型のベランダ

一軒家の２階にあるこのベランダは、奥が細長いＬ字型。庇は手前側のみで、奥に置いた植物や雑貨は雨ざらしにしている。日当たりが良く風通しも良好だが、その分乾燥しやすいため、夏の水やりは１日２回行っている。

ベランダの広さ：幅 260cm ／奥行き 345cm
柵のタイプ：木製
手すりの色・素材：グレイ・コンクリート製
日照条件：南向き、日当たり良好
雨、風当たり：普通
お手入れ：毎日、夏の水やりは１日２回

veranda6

フォレスト・ガーデンスタイル

ベランダの窓を開けると、そこはまるで別世界。
ガーデンという域を越えた、小さな森がありました。
こんもりと茂った森を探検すると、
かわいい小動物に出会えるかもしれません。

forest garden style

群馬県・吉野麻由子さん

枯れ葉や松ぼっくり、ドライフラワーなどは、森らしさを演出する大切なアイテム。

左：室内側から見たベランダ。よく日の当たる午前中に、この森の風景を眺めるのが楽しみ。
右：たくさんの花を咲かせるフランネルフラワー。その優しい雰囲気がお気に入り。

かわいいけれど、
ちょっぴり毒もある
童話の世界を感じさせる
小さな森に迷い込んで

自然な雰囲気を作るため、朽ちかけた廃材を集めて利用。新品のテラコッタは、ペイントしてエイジング加工を施した。

左：苔はインターネットショップでまとめ買い。コンクリートの床を傷めないよう、ビニールシートと新聞紙を敷いた上に敷き詰めている。右：濃い紫色が目を引くアネモネは、空間の引き締め役。「森が持つ、ダークで毒のある一面が表現できたらと思って取り入れました」

理想は美しきヨーロッパの森
豊かな緑と花々で満ちた、小さな楽園

「ガーデニングを始めたのは、少しでも自然が感じられる空間が欲しかったから。目指したのは単なる庭ではなく、北欧の森でした」

と話す、吉野さん。マンション暮らしを始めた2年前に、ベランダでの森作りを始めました。しかし、このベランダは奥行き 1.2m、横幅 3m という、極小サイズ。その上、避難経路を確保するため、ベランダ半分のスペースしか使えません。小さな空間でより多くの植物を育てるために手に入れたのは、安価で入手可能なワインボックスでした。防腐効果のあるオイルステインを塗ってひな壇状になるように重ね、より多くの鉢を置くためのスペースを作りました。

植物を集めはじめたのは、森の風景がある程度でき上がってから。シンボルツリーとして、コニファーを入手しましたが、実際に置いてみると、思いのほか木が小さく、その後、フェイジョアと柊の木を買い足したそうです。

床の演出法にもこだわりました。適度に朽ちた廃材と、通信販売で手に入れた苔を敷き詰め、殺風景なコンクリートの床をカバー。その上に、近所の公園で拾い集めた落ち葉やどんぐりの実を散らし、自然な風景を演出しています。

「今までは全体のコーディネートに夢中で、ガーデナーとしては、まだ初心者レベル。これからは、狭いスペースでもたくさんの花を楽しむための、寄せ植えに挑戦したいし、園芸知識ももっと深めたいですね」

樹木や花でいっぱいになったベランダは、マンションのベランダとは思えないほど、自然な雰囲気。まるで童話の世界に迷い込んだような気持ちにさせてくれる、夢いっぱいの空間です。

左：白樺の切り株は、東京・中目黒にある園芸店「atelier cabane」のオーナーに譲っていただいたもの。右：「私のイメージでは、このリスは冬眠前で、一生懸命に食料を集めているところです」ドングリの実を持った姿がかわいい！

動物の置物やリース、キャンドルなど
雑貨や小物を点在させて
理想の空間を作り上げる

左：アンティーク調の窓枠ほか、雑貨小物は、東京の雑貨店「colors」のインターネットショップで購入。「地方では、ネットショップが重宝します！」と話す。右：日が当たりにくいワインボックスの中には、園芸用具やジョウロなどを収納。植物はまめに置き場所を変えて、日当りを確保している。

**白樺の切り株で
森らしさを強調**

森らしい雰囲気を醸し出す。下垂するグレコマとの相性もぴったり。

**リスや羊など、動物雑貨で
より雰囲気をアップ**

最近凝っているのが動物雑貨。苔の上に置いたリスは、吉野さんが紙粘土で手作りした。

「かわいい森」を印象づける ための小道具アイディア

**遊びのある発想で
蝶を飛ばす**

雑貨店で見つけた蝶のモビールは、フランネルフラワーとカルーナのコンテナにそっと忍ばせて。

**木の実などの
自然のものを利用する**

自然な雰囲気を出すには、やはり自然のものを置くのが一番。ドングリや枯れ葉は、散歩中に拾い集める。

**ポスターや窓枠で
人工的なものを消す**

人工的な配管はポスターで隠した。絵のモチーフは、植物の葉。アンティークのような雰囲気が気に入っている。

森作りは１日にしてならず！ マクロな視点でじっくりと作り上げる

狭い空間では、配置できる植物や小物の数に限度があります。多くの植物を育てたいからといって、小さなものを並べただけは、メリハリのない空間になりかねません。

「それこそ“木を見て森を見ず”になってしまうので、まずウッドボックスや樹木でベースを作りました。すると、あとは何を加えればいいか一目瞭然。コーディネートも楽です」

この統一感は、はっきりしたテーマとマクロな視点があったからこそできたもの。その計画性を見習いたいものです。

森らしさを作るために取り入れる植物

樹木と苔を使い、こんもりと茂った森を演出

ベランダの中心となるのは、フェイジョアと柊ですが、樹木以外では葉色が楽しめる植物や季節の花を取り入れています。白やピンクなど、可憐な雰囲気の花がお気に入りですが、それだけでは散漫な印象になってしまうため、紫のアネモネや真っ赤な実を付けたサンキライのドライリースなどをアクセントにしています。

「一番の自慢は、床に敷き詰めた苔です」

苔のおかげで、人工的な空間が本当の森のようになりました。

茂った印象を出す樹木使い

大きな樹木を使って空間にメリハリをつける。

コニファー

森作りを目指した２年前、針葉樹林をイメージして、最初に購入した樹木。

柊

常緑低木はベランダ向き。幼木は鋸歯が鋭く、大きくなると次第に鈍くなる。

フェイジョア

ガーデンのシンボルツリー。葉裏のシルバーがかった色合いが美しい。

グリーン色を濃くするための植物

植物や苔で、森の雰囲気作りを楽しむ。

苔

苔は、コンクリートの上にビニールと湿めらせた新聞を敷き、その上に。

ヘデラ

長くつるを伸ばしたヘデラは、ほかの植物が少ない空間の隙間を埋める役割。

ヒューケラ

色のバリエーションが多く、耐陰性があり、丈夫。３鉢育てている。

可憐さを出すための花々

やさしい雰囲気作りの基本は白い小花。

フランネルフラワー

花も葉もフワフワとした質感。まめに花がら摘みをすると、年中花を咲かせる。

アリッサム

繊細な白い小花が好き。ピンクのオキザリスやビオラとともに寄せ植え。

フォクスリータイム

斑入りの葉がかわいらしいハーブ。料理にも使えるが、ここではもっぱら観賞用。

アネモネ

一重咲きの素朴な姿が好き。夏、葉が枯れたら球根を掘り上げ、乾燥させる。

狭いベランダも工夫次第で楽しめる

3.6㎡という小さなベランダの半分をガーデニングスペースとして使用している。ベランダは南向きだが、柵がコンクリート製のため、日照時間は決して長くはない。日頃からまめに鉢の位置を変え、植物の日照時間を確保している。

ベランダの広さ：幅 300cm ／奥行き 120cm
柵のタイプ：コンクリート
手すりの色・素材：ベージュ・コンクリート製
日照条件：南向き、日当たりは普通
雨、風当たり：普通
お手入れ：毎日、冬の水やりは１日置き

veranda7

フレンチ・ガーデンスタイル

洗練された中に、やさしさや素朴さが感じられる
開放感たっぷりのベランダガーデン。
愛情たっぷりに育てられた植物たちは
日の光を浴びながら、
心地良さそうに葉を広げています。

french garden style

東京都・島田文代さん

風に揺られるグリーンたちの
ざわめきが聞こえてきそうな
都会のオアシスへようこそ

左：アイアンのカーブが目を引く、鳥かごのオブジェ。鳥かごや鳥のオブジェがあちこちに置かれている。中上：息子さん手作りのパーゴラに、ガーデニンググッズをひとまとめにして収納。中下：多肉植物の寄せ植えも大好き。上：エアコンの室外機の上に作られた飾り棚には、小さめの鉢を置いている。段違いに付けられた棚で高低差を演出。

広いスペースを駆使した
優雅なホワイト・ガーデン

　ガラス張りの柵の向こうに広がるのは、遊覧船が巡る運河の景色。島田さんは、開放感ある広々としたベランダで、約 90 鉢の植物を育てています。好きな植物は可憐なつる性植物や、ハーブだそうですが、もっとも力を入れて育てているのは、バラとクレマチスです。

「ガーデニングをやっていて、いちばん嬉しいのは、バラの花が咲いたときですね。鉢替え、剪定、害虫の退治など、しなければならないことはたくさんありますが、手をかけた分だけ、必ず応えてくれるのがバラの魅力。美しい大輪の花を見たときの喜びは格別です」

　そう話す彼女の、花に対する愛情の大きさは、生き生きとした植物の姿を見ているだけで伝わってきます。

　いつも元気な植物をディスプレイできるのは、メンテナンスペースの存在も大きいかもしれません。剪定後のバラや花が終わったクリスマスローズの鉢、再生待ちの古い土などはそちらに移動させ、次のシーズンまで復帰を待ちます。

　植物の世話で多くの時間を過ごすとあって、居心地良いベランダになるよう、さまざまなアレンジがされています。部屋側の壁やメンテナンスエリアとの境に設置されたパーゴラ、避難経路やコンクリート製の外壁を隠すために作った木製の塀や扉。白で統一された、これらの造作物は、すべて島田さん自身がデザインし、息子さんが手作りしたもの。その完成度の高さに驚かされます。また、床に木の板やアンティーク風のレンガを敷き詰められていることで、マンションのベランダであることを忘れてしまいそうな、自然の雰囲気で満ちています。

部屋の中から見たベランダの正面。宮殿のような形が美しい鳥かごは、アンティーク。

繊細なつる性植物と季節の花を組み合わせ上品に、美しくディスプレイ

左：ベランダは奥行き2m、幅12mとゆったりサイズ。パーゴラを設置しても、圧迫感はまったく感じられない。中：日当たり抜群のベランダ。多肉植物の紅葉も美しい。右：ワイヤーで手作りした鳥かご。中には、小さなディコンドラを入れて。

大小の鉢をランダムに置いて上手にディスプレイ

木製のボックスや、鉢スタンドを使って高低差をつけることで、ベランダ全体が豊かに茂ったイメージに。

コーナーごとに美しく魅せるための小ワザ

アイアンの棚受けをパーゴラの装飾に利用。殺風景になりがちな柵にはポテトボックスを掛けている。

コーナーの演出で魅せるテクニック

全体の雰囲気を作るためのこだわりの DIY 施工術

息子さんが作成した、板壁は開閉式。隣家との避難経路になっているため、ベランダの写真を撮るとき以外は扉を開けておく。

エキゾチックな雑貨でミックススタイルに

左：トルコ旅行の際に購入したタイル。カラフルな色合いがお気に入り。右：骨董店で手に入れたモロッコランプ。白を基調にした空間に、エキゾチックな香りをプラスしている。

大人のセンスで選んだ雑貨でエレガントな雰囲気作り

広々としたベランダを見渡すと、それぞれのコーナーに、美しくディスプレイするためのアイディアがあることに気付きます。島田さんのアイディアと息子さんのテクニックで生まれたパーゴラには、アイアンの棚受けを、白い板壁には、ポイントとして馬具飾りを取り付けています。このほか、大好きな鳥をモチーフにしたオブジェや、モロッコやトルコで作られたエキゾチックな雑貨を飾ることで、エレガントで大人っぽい雰囲気を作り出しています。

かわいい雑貨をちりばめて遊ぶ

鳥をモチーフにした雑貨は、手に入れずにはいられない！　ベランダのあちこちに鳥の姿がある。

絵になるように配置する植物

つる性植物や樹木で空間を絵のように

華やかで優雅な雰囲気を醸し出す植物たち。

ピエール・ド・ロンサール

5〜7月、ピンクの大輪の花をつける、つるバラ。花の美しさと強健さが魅力。

ジェフ・ハミルトン

強健で病気にも強いバラ。花はソフトなピンク色でカップ咲き。香りも良い。

オリーブ

このベランダでは、もっとも丈のある樹木だが、形がスリムで美しい。

アスパラ・スライマックス

下垂する植物が欲しくて購入したもの。生育して３年ほど経過している。

クレマチス 日枝

常緑で冬咲き。下を向いて咲く、パラシュートのような形の花がかわいい。

ガーデンファニチャーで空間のベース作り

幅 12m のベランダの半分をガーデニングスペースに、半分を植物のメンテナンススペースとして使用。広々とした空間だけに、手作りのパーゴラなど、かなり大振りなサイズのガーデンファニチャーも、違和感なく溶け込んでいる。

ベランダの広さ：幅 1200cm ／奥行き 200cm
柵のタイプ：ガラス
手すりの色・素材：シルバー・鉄製スチール
日照条件：南向き、日当たり良好
雨、風当たり：雨当たりは少ないが、風当たりは強い
お手入れ：毎日、夏の水やりは１日２回

庭の緑たちが花を美しく魅せ 小さな鉢の中で 個性ある植物が競演する

島田さんのベランダでは、バラやクレマチスなどのつる性植物が、数多く育てられています。つる性植物は、好きな場所に誘引させたり、枝を下垂させたり、空間を自由に演出できるのが魅力。また、大きく育ったオリーブや、ボリューム感のあるハーブやグリーンが、空間を立体的に見せ、季節の花の美しさを引き立てます。

ブルーエルフィンとコクリュウ、センニチコボウとヒューケラなど、個性のある植物同士を寄せ植えに。鉢の中で、ドラマチックな出合いが生み出されています。

ボリューム感のある植物で グリーンカラーを引き立たせる

ふんわりと茂らせ、ベランダを緑豊かに見せる。

センニチコボウ

ベランダの花が白と青ばかりの夏、小さな赤い花に惹かれて購入した。

アメジストセージ

ピンクがかった紫色の花がお気に入り。このベランダでは、年中開花する。

ブルーキャッツアイ

初秋、花色が気に入り、開花株を購入。耐寒性は弱いが、丈夫な宿根草。

クリスマスローズ

生育して８年ほど経過。花はダブル咲きでピンク色。３〜４月に開花する。

レモングラス

レモンのような、爽やかな香りでハーブティに重宝。冬は短く切って冬越し。

左：左右に分けたガーデニングスペースの右側部分。避難経路を隠すため、突っ張り棒を使って麻布を垂らしている。右：落葉植物が多いため、秋には葉が赤く染まり、美しい。冬はムスカリなど、球根植物を楽しむ。

空いた鉢はしまい込まずに、重ねたり転がしたりしてディスプレイ。奥の麻袋には、園芸用土などを収納している。

veranda 8

ジャンク・ガーデンスタイル

植物たちの息づかいが聞こえてきそうな、
ストイックなまでにシンプルなベランダ。
味のあるジャンク雑貨が渋さを演出し、
植物たちの個性を引き出しています。

junk garden style

東京都・能城まさみさん

色合いを抑えた、ストイックな空間だからこそ見えてくる植物の繊細な表情と野性的な逞しさ

全体的に渋めの色合いで統一されているが、ポイントカラーとして、赤やグリーンでペイントした鉢を配置する。

厳選した植物とジャンク雑貨が点在する渋さが際立つ、ジャンクガーデン

　古びたバケツに植えられたブルーベリー、錆びたゴトクを鉢スタンドにした野ブドウ、朽ちかけたブリキの器の中でこんもりと茂ったセダム。能城さんのベランダガーデンでは、味のあるジャング雑貨と植物がしっくりとなじんでいます。以前は植物の数も多く、賑やかな雰囲気のガーデンだったそうですが、この数年は生活とのバランスを考えてシンプル路線へ。手のかかる植物は手放し、落葉性の植物や多肉植物など、厳選した植物だけを置くようになったそうです。

「今、バラは３鉢のみで、あとはほとんどが葉物です。花がなくても葉の色と形だけで十分美しいと思います」

　そんな彼女がこだわるのは、“間”を活かしてすっきりとしたディスプレイです。

「間を空けることは、植物にとってもいいことだと思うのです。空間を埋めてしまうとベランダの風通しが悪くなり、植物が害虫の格好の隠れ家になってしまいます。また、鉢の移動ができる余白を作っておくと、掃除をするのも億劫ではなくなります。ですから今後も、植物の数を増やすつもりはありません。何より、淋しいくらいの雰囲気が大好きですし！」

　雑貨類は、以前にも増して厳選するようになりました。ベランダを見渡してみると、装飾だけを目的にした雑貨はほとんど見当たりません。

「唯一集めているのは、アンティークの鉢。気に入ったものを少しずつ購入しています」

　ぎりぎりまで装飾をそぎ落とし、植物と雑貨の個性を際立たせた、このガーデン。そのシンプルさには、潔ささえ感じられます。

ジャンクな雑貨を活用して作る庭

使えなくなったキッチンアイテムを園芸雑貨として再利用

錆びて風合いの出た魚焼き網や蒸し器など、キッチン用品を鉢受け台として使用。

古木で配管を隠してディスプレイ

ランプは日本製で、昭和初期のもの。配管隠しのため、設置した木の板に固定している。

錆びついた金網に蔦をからませる

インターネット・オークションで入手した鉄製の格子。つる性植物を絡ませるのに最適。

古い実験器具を再利用

ペチュニアに、実験道具と思われるガラスのドームをすっぽりとかぶせて。温室効果が期待できそう。

不要になった生活雑貨が味のあるガーデニングアイテムに

　このガーデンには、魚焼き網やステンレスの蒸し器、ガラス製の古い実験道具などが使われています。家で眠るジャンクの生活雑貨を見直してみると、意外な使い道が発見できて楽しいものです。「いかにも一生懸命ケアしている！という印象を与えない、自然な雰囲気を目指しています」

　と話す、能城さん。確かに、このベランダで育つ植物たちは、どこか野性的な雰囲気があります。古びた表情が魅力のジャンク雑貨も、植物が持つ野生味を引き出しているのかもしれません。

さびついた小道具をディスプレイ

錆びて使えなくなったハサミは、鉢に挿し、ディスプレイとして楽しむ。

「渋さ」を演出する植物たち

グラス類でニュアンスを作る

ジャンクガーデンの主役となる、個性豊かな植物。

コルジリネ

赤茶色の葉色が印象的。サイズの大きな空き缶に植え、床置きにしている。

黒竜

ジャンクガーデンとの相性が抜群な黒竜。空間の引き締め役としてぴったり。

玉竜

耐陰性があり、丈夫。揃いの鉢に植えた。斑入り葉が明るい雰囲気。

カレックス

一見枯れているかのように見える銅葉のブキャナニー。丈夫で乾燥にも強い。

地味めだけれど存在が大きい

濃い葉色で空間を引き締め、小さな葉でグランドカバー。

セダム・モリムラマンネングサ

生長すると横に広がる。グランドカバーとして植えている。

セダム・プレゼフォリウム

丸みのある小さな葉がかわいい。多肉植物の寄せ植えにも使っている。

黒法師

ペイントした空き缶に植えてハンギング。日照不足だと緑色になるので注意。

セダム・ドラゴンズブラッド

配管隠しに付けた板にハンギング。生長して暴れた枝ぶりが格好いい。

落葉するもので季節を楽しむ

紅葉した葉は、ジャンクガーデンとの相性が抜群！

野ぶどう

実は、白、紫、青と変化しながら熟していく。ヘデラとともに絡ませている。

スモークツリー

能城さんがお気に入りのひと鉢。生長が早く、秋に剪定を行っている。

ジャンクガーデンと相性の良い植物選びで、大人の渋さを表現

ジャンク雑貨を多用した渋い空間には、それに合わせた植物選びが必要。このガーデンでは、葉の形や色合いが個性的なグラス類や、ヘンリーヅタやスモークツリーといった落葉植物などが使われています。

「冬は寂しい雰囲気になってしまいますが、落葉によって、一旦ガーデンがリセットされるのがいいですね」

春になれば、美しい新芽が顔を出し、夏は葉を青々と伸ばして逞しく生長、秋にはその葉が赤く染まる——。季節によって豊かな表情を見せてくれるのが魅力です。

間を空けたディスプレイは虫除けにも効果的

西向きのため、ベランダには午後から日が射す。中央部分は生活スペース、部屋の窓から見えるベランダの両端をガーデニングスペースとして使用している。風通しがあまり良くないので、ハダニの発生には気を付けている。

ベランダの広さ：幅 640cm ／奥行き 120cm
柵のタイプ：壁
手すりの色・素材：ベージュ・コンクリート製
日照条件：西向き、西日が射す
雨、風当たり：ともに弱い
お手入れ：毎日

左：お気に入りは、中に鉢を入れられる鳥カゴ風のカバー。右：室内と庭との繋がりを演出してくれるのが、アンティークのコート掛け。隣のベランダとの避難経路を塞ぐことなく、隠すことに成功！

veranda9

エレガント・ガーデンスタイル

庭ならではの自然な趣と、
ベランダの利便性を兼ね備えているガーデンは
エレガントな上に、大人のかわいらしさも秘めています。
流行に左右されない、落ち着きある雰囲気が魅力です。

elegant garden style
大阪府・仲内みさ子さん

鳥や蝶たちが舞い降りる 実りの多いフェミニンなガーデン

４年前、仲内さんがマンションに入居した際、庭は更地の状態でした。以前からガーデニングが趣味だったこともあり、本格的な庭作りを決意。デザインや施工を業者にオーダーしました。ベランダを出た左部分には、以前から欲しかったという花壇を設置し、土がむき出しだった部分には、小粒で明るめの砂利を敷き詰め、枕木を置いて敷石風に。地植えは花壇部分に抑え、ほとんどの植物を鉢植えにすることで、気軽に配置換えが楽しめます。

植栽している鉢は、テラコッタや模様入りのもの、ヤシファイバーを使ったハンギングポットなど、さまざまですが、どれもエレガントなイメージで統一されています。

「家に帰って玄関を開けると、正面に緑が広がっているのが、とてもうれしいです。ソファに座って、のんびりと庭を眺められるのが幸せです」と、仲内さんはうれしそう。実は、この庭を作ったことで、いちばん変化したのはご主人でした。それまで、まったく植物に興味がなかったそうですが、いつの間にか毎朝の水やりを担当してくれるように。蝶が飛んで来たことなども報告してくれるそうです。

「庭ができてから、鳥たちがブルーベリーの実を食べに来るようになりました。そのお礼かもしれませんが、数珠珊瑚の種を置いていってくれたようで、自然に芽が出ていました」

その数珠珊瑚は、庭の片隅で元気に育ち、かわいらしい赤い実をつけています。仲内さん夫妻にとって、この庭がなくてはならない存在になったようです。そして、鳥たちにとっても、大切な場所であるに違いありません。

咲き揃う旬の花々と
色づいた実を眺めながら
巡る季節の美しさを愛でて

上：庭の中央には、フランス製のアンティークの窓枠を。本物のアンティークを置くことで、風格がぐんとアップする。左：風合いのある木のボックスを使い、高低差を出す。高さのある鉢スタンドも高低差の演出に効果的。右：庭の一部には、地植え用の花壇もある。地面に砂利を敷き詰め、枕木も設置。敷石のそばに生えたポリゴナムがナチュラルな雰囲気。

シーズンオフの植物は、まとめて隅に置く

花盛りのバラは、もっとも目立つ前面に。剪定したバラは、ほかの鉢よりも奥の、目立たない場所に移動させて管理している。

雑草が生えるのを防ぐための砂利敷き

庭の管理で面倒なのが雑草抜き。砂利を敷きつめることで、雑草の発生を防ぎ、明るいイメージに変化。

庭でありながらもコンテナ栽培で楽しむ工夫

旬の植物を移動させて楽しむ

花の咲いたチョコレートコスモスの鉢は、庭の中心に。背が高く生長する植物は、鉢も深めにしてバランスを取る。

外からの視界を遮りつつ光をしっかり取り込む

道路から丸見え状態だったため、木の板で柵を立てた。圧迫感が出ないよう、木の高さはランダムにした。光を取り入れつつ、視界を遮ることに成功。

さまざまなデザインのコンテナで楽しむ

模様入りの鉢、素焼き鉢など、植物に合わせた鉢選びを楽しむ。ブリキ製の桶は、フランスのアンティーク。

コンテナだからこその遊びアイディア

シダはコケ玉に植え込み、ハンギング。鳥かごのようなカバーを3つ揃え、真珠の木や多肉を入れ、庭のアクセントに。

ベランダガーデンの利点を取り入れ季節の移り変わりを演出する

ベランダガーデナーにとって、地植え可能な場所があるのはうらやましいことです。しかし、仲内さんの庭では、あえて地植えスペースを庭全体の 1/3 ほどの広さに抑え、そのほかは鉢植えで管理しています。鉢植え管理のメリットは、すぐにレイアウト替えが楽しめること。季節の移り変わりによって生じる日差しの変化に合わせ、必要な場所に鉢を動かすことができます。また、シーズンオフの植物をバックヤードに移動することで、いつでも旬の植物をメインにディスプレイできます。

明るい印象を与える植物

落ち着きある庭に映える色合いを選ぶ。

カランコエ・プミラ（白銀の舞）

粉をふいたようなシルバーグレイの葉がきれい。春にピンク色の花を咲かせる。

エレモフィラ

オーストラリア原産の花木。銀白色の枝と葉が上品な印象。寄せ植えにも最適。

ツルニチソウ

長くつるを伸ばしたツルニチソウは、枕木の上に配置し、葉の美しさを強調。

小さな実をつけるもの

丸みのある実もので、かわいらしさをプラス。

紫式部

クマツヅラ科の落葉性低木。秋に色づく、小さな紫色の実が上品な印象。

ツルコケモモ

たわわに実ったピンクの実はフェミニン。酸性土を好み、水切れに弱い。

真珠の木（ペルネティア）

真っ赤な実が華やかで目を引く。果実の色はピンク、紫、白など多彩だ。

地植えとコンテナ栽培を上手に使い分ける

タイル を敷き詰めた屋根付きベランダの奥に、約17㎡の庭があり、ガーデニングは主に庭部分で行っている。庭のデザイン、施工、植栽選びは業者に依頼。花壇には、カシワバアジサイやオリーブなど、大きく生長する品種を地植え。

ベランダの広さ：幅760cm／奥行き200cm
柵のタイプ：コンクリート、格子柵
手すりの色・素材：ベージュ・コンクリート製、グレイ・鉄製
日照条件：南向き、日当たりは良い
雨、風当たり：雨当たりあり、風当たりは普通
お手入れ：毎日、夏期の水やりは1日2回

全体をフェミニンな印象に仕上げる植物

やさしい印象の植物をチョイスして、落ち着きの中に軽やかさをプラス

この庭は、上品でフェミニンな雰囲気が魅力です。その雰囲気を形作っているのは、鉢や雑貨によるものが大きいですが、植物選びにも鍵があります。

エレガント・ガーデンにぴったりな大輪のバラをポイントに、小さな実をつける植物や可憐な印象の下垂性植物、白や明るいグリーンの葉を持つ植物をチョイス。落ち着いた色合いの空間に映える、明るい雰囲気の植物を加えることで、やわらかな印象を演出しています。

かわいらしい花もの

バラエティ豊かな花々で季節感を楽しむ。

オレガノ・ケントビューティー

ガクがきれいなピンク色に染まる、かわいらしい植物。明るい葉色も魅力的。

クレマチス

フランスアンティークの窓枠に絡ませるようにディスプレイ。白い花が清楚。

チョコレートコスモス

やさしい色合いの植物が多い中、赤茶色の花を加えて、大人っぽい印象を作る。

バラ

真っ白なバラの花は、焦げ茶をベースにした空間のフォーカルポイントに。

veranda 10

ナチュラル・ガーデン スタイル

ナチュラルでおしゃれながらも
どこか懐かしさを感じさせるベランダガーデン。
溢れんばかりの愛情に包まれた植物は、
日の光をたっぷり浴びて、すくすくと生長しています。

natural garden style

愛知県・安藤澄子さん

思い入れのある花と
揺らぐ緑のバランスが絶妙な
心和ませる大切な空間

緑と花がほど良いボリュームのベランダ。いちばん奥に配置したシンボルツリーのトネリコは、購入したその年の冬に、すべての葉を落としたが、翌年からは環境に適応。今では葉が落ちることはない。

左上：とてもキュートな鳥の親子の置物。ベランダのあちこちに鳥をモチーフにした雑貨が置かれている。右上：錆びたふるいにセダムを植栽。どっしりと重みのある雑貨が大好き。下：鳥が止まった蛇口は、インターネットショップで購入。ホームセンターで枕木を購入し、留め付けてディスプレイ。

大切に育ててきた植物や
満開の花たちを眺めながら
ガーデンテーブルで
楽しむティータイム

左：ベランダの柵は白いラティスで隠し、ナチュラルな雰囲気に。床にもウッドパネルとウッドチップを敷きつめている。右：季節、時間によって日当たりは変わってしまう。鉢はこまめに配置換えして、日照を確保する。

グリーンが伸び伸びと育つ
やさしさいっぱいのウッディな庭

ガーデニング歴25年の安藤さんが、一軒家からこのマンションに引っ越したのは6年前。

「以前の家は日照条件が悪かったので、どうしても日当たりの良い所に住みたかったんです」

その願いは、見事に叶えられました。部屋には明るい日差しが射し込み、ベランダでは植物たちが、元気に花を咲かせています。

ベランダの床はウッドパネルとウッドチップを敷き、鉢置き台にポテトボックスを使うなど、全体的にウッディな作り。ところどころに配置した鉄製の雑貨がポイントになっています。

「朽ちた姿も様になるのが、アイアンのいいところ。すべてがアンティークというわけではありませんが、新品の雑貨は古くなった姿を想像して、時間をかけて育てます！」

植物を育てるコツが身に付いているという彼女。思い出の植物は、特に大事にしたいという思いがあり、娘さんが生まれた年に購入したゼラニウムは、なんと23年もの！　シンボルツリーのトネリコは、ここに引っ越した記念に、ご主人がプレゼントしてくれたものだとか。

「ベランダはスペースが限られるので、あまり大きく育てられないことが悩み。2、3年に一度は植え替えたいのですが、毎回ひと回り大きな鉢に植え替えしていくと、巨大な鉢植えになってしまいます。植え替えの頻度を減らしたり、思い切った剪定をしたりして、大きさを保つようにしています」

年を追うごとに、生まれ育った地の緑や空気が恋しくなり、昔に帰ってきている気がすると話す、安藤さん。この庭がどこか懐かしくてやさしい雰囲気を持っているのは、そんな彼女の思いが、溢れているからかもしれません。

**日当りを最優先に
考えて組み合わせ**

午前中の光を好むものは、日当たりのよい窓際へ、半日陰でも良いものは、ラティス側へ置くなど、それぞれの特徴を生かして配置。多肉植物の棚は、西側では日差しを避けるため、背部分の板を外さず、南側からは日が当たるように板を外し、チキンネットを張った。

配置換えや掃除をしやすくするための工夫

**掃除をしやすくするために
足元に単鉢を置かない**

鉢は台の上に置いたり、ラティスにハンギングしておくと、掃除もラク。

**棚やボックス、椅子を使って
動かしやすく**

棚や椅子で高さを出すと、高低差をつけられるだけでなく、日当たりも確保でき、移動もラクに行える。

**花壇風に見せ
まとまりを出す**

レンガ風の鉢を重ねて階段状に。ミスキャンタスの間にブラキカムを入れ、リズムをつける。

取り外しやすく設置する

柱に突っ張り棒を渡して布を吊るし、避難経路を隠す。つる性植物は取り外し可能な網に這わせて。

鉢も雑貨も運びやすいものを！
ベランダを美しくキープする秘訣

安藤さんは、ベランダにも定期的に掃除機をかけ、年に2回は大掃除をしています。そのため、ベランダのボックスや椅子などのガーデンファニチャーは、運びやすいものを選ぶのが基本。そうすることが、レイアウト替えの際にも便利です。季節によって、変わる日差しの向きに合わせ、こまめに模様替えを行えます。運びやすい雑貨を選ぶこと、そして植物の大きさを一定にキープし、鉢の重みを変えないことが、庭の維持管理に大いに役立っています。

テーマカラーを決めて コーディネートする植物

ベースカラーを白、テーマカラーを黄と紫でセレクト

黄色と紫、補色の組み合わせで、ベランダを華やかに。

アネモネ

目が覚めるような、鮮やかな紫色の花。花は赤、白、ピンクなども。

ブラキカム

白の花びらに、黄色い花芯がかわいらしい。高温多湿を嫌い、日当りを好む。

ディスコロール・セージ

濃い紫の花が気に入って購入。ディスコロールとは「異色の」という意味。

カランコエ

マダガスカル原産の多肉植物。春になると、小さな黄色い花を咲かせる。

バコパ・スノーフレーク

グランドカバーとして使われることの多い多年草。白い花が可憐なイメージ。

色を引き立てる役割の植物

空間にリズムを与える、バラエティ豊かな色合い。

クローバー・ティントヴェール

爽やかな色合いで、コーディネートしやすいため、寄せ植えにもぴったり。

クローバー・ティントワイン

葉色がとても美しい、印象的な品種。日光に当てると発色が鮮やかになる。

オリーブ

明るい葉色がベランダを爽やかな印象に。昨シーズンは実を 10 粒収穫！

イングリッシュ・ラベンダー

ポピュラーな品種で、細身の花をつける。丸い花のフレンチ系もお気に入り。

シロタエギク（シルバーレース）

レース編みのように繊細な、シルバーの葉が特徴。寄せ植えにも使われる。

オキザリス

さまざまな品種があり、花色も豊富。花のない時期も葉色を楽しんで。

植物に関して衝動買いはなし！ テーマに合わせて厳選する

安藤さんは、毎年生育する花の色のテーマを決めています。今回は白をベースに黄色、ブルー系をプラス。

「ある銘柄の花を入手しようと思い、園芸店に足を運んでも、実際見て違うと感じたら購入しません。ひとつの鉢をイメージして、大きさ、形、すでにある植物との相性、今後はどの程度の大きさになるかなどを考慮して考えて、30 分は悩みますね」

ときによっては、1日に何軒も店を回ることもあるとか。本当に気に入った植物だけを厳選しているのです。

絶好の環境とまめな管理で、丈夫に美しく育てる

日照条件が良い環境であることはもちろん、長いガーデニング経験による管理法、日当たりを考えた季節ごとのレイアウト替え、清掃管理などが功を奏し、どの植物も元気に育っている。宿根草を中心に、一年草を加えて変化をつけている。

ベランダの広さ：幅 700cm ／奥行き 140cm
柵のタイプ：パンチングパネルと壁面
手すりの色・素材：シルバー・ベージュのコンクリート製
日照条件：南向き、日当たり良好
雨・風当たり：弱い
お手入れ：毎日・夏の水やりは1日2回

左：すのこ、布、防犯砂利などを駆使し、人工的な壁と床を隠したことで、全体がナチュラルでやさしい雰囲気に。上：錆び加工を施したブリキの器。まるでアンティークのような雰囲気。右：お父さんが作ってくれた棚の上も鉢置きスペースとして活用。

veranda 11

ハンドメイド・ガーデンスタイル

手作りの暖かさと植物への愛情が感じられる、
ほのぼのとした雰囲気が魅力です。
お金をかけなくても、すてきなガーデンは作れるもの。
そんなことを教えてくれるベランダです。

handmade garden style

大阪府・広森公子さん

ハンドメイドの作品がたっぷり！
やさしさいっぱいの手作りガーデン

　広森さんがベランダガーデニングを始めたのは、今から４年前。近所の園芸店に勤務したのがきっかけでした。

「はじめは、プラスチックの鉢に花を植えているだけでしたが、仕事がきっかけでベランダの雰囲気作りまで意識できるようになりました」

　ハンドメイドに凝り始めたのもその頃で、ベランダには、梯子やワイヤーのカゴなど、丁寧に作られた作品がそこかしこに置かれています。

「小さい頃から、父が日曜木工を楽しむ姿を見ていたため、もともと手作りは大好きでした。大工道具の扱いは、家族の中で私がいちばん上手なはずです。父は私の“DIYの師匠”なんです」

　ちなみに、２段になっている収納棚やフランス製の青いタイルが貼られ、家の形をした鉢カバーがお父さんの作品だそうです。

　このベランダの横幅は約6.4mあり、その半分をガーデニングスペースとして使っています。

「半分は洗濯物を干すための生活スペースで、ガーデンにしている部分は、私のプライベート空間。朝起きたら、すぐにベランダに出て、花を見ながらひとりでニンマリしています」

　ベランダは西向きで、夏の日差しが厳しい上に風当たりが強いのが難点ですが、どの植物もいたって元気です。

「もちろん、相性が悪い植物もあります。黄色の花を咲かせるユリオプスデイジーは、何度もトライして、やっと育てられるようになりました」

　園芸店での勤務経験によって、植物の育て方も、ハンドメイドの腕もぐんと上がった広森さん。今後のベランダガーデンがどんな進化を遂げて行くのかが楽しみです。

もっとも日当たりの良い柵の上には季節の花を。落下防止のため、鉢やワイヤーでしっかり固定している。

季節の花で満たされた
狭いながらも気持ち良い
プライベート・ガーデン

左：手作りの梯子には、小さな鉢やコランダーなど、やはり手作りの作品をディスプレイ。カントリーテイストのマスコットも彼女の作品。右：自分でペイントした木製ボックス。はじめに緑や茶色などのペンキで塗った後、白で重ね塗りし、使い込んだような風合いを出す。

お金をかけずに
ハンドメイド・アイディア
で楽しく

防犯砂利と
ボートの組み合わせ

床には防犯砂利や薄型の石のパネルを敷き詰めて。「防犯砂利は軽いのが利点です。鉢底石代わりにも使えるので便利」

S字フック＆
突っ張り棒で隠す

突っ張り棒に布を付け、S字フックで隣のベランダとの仕切りを隠す。

配管を隠すために
梯子を手作り

手作りした梯子で印象の悪い配管を隠す。配管周りの床に隙間があるため、下に物が落ちるのを避ける効果も。

すべて白でペイントし
明るく広く見せる

収納棚は、簾でカバー。簾も白でペイントして周囲とコーディネイト。

手作りのワイヤーかごを
ポットに活用

ハンギング用のワイヤーで作った鉢カバー。コランダーを入れたワイヤーカゴも広森さんが製作。

コンクリート壁面を
ペイントしたすのこで覆う

市販のすのこは、白のペンキでラフにペイント。殺風景な壁面を隠し、温かなイメージに。

アイディア豊富なベランダは
手作り作品のギャラリー

「私のテーマはお金をかけないこと！」と話す、広森さん。ガーデンには手作り品や、彼女がひと工夫を加えたものがいっぱいです。材料は、主に100円ショップでチョイス。鉢として使っている錆びたブリキの器は、塩水に浸けてから炎天下に置き、朽ちた雰囲気に。手作りの梯子や壁に立てかけたすのこなどは、ペンキの重ね塗りで風合いを出します。鉢の中や梯子に飾っている木製のマスコットも、彼女のオリジナル。まさにベランダ全体が、彼女の作品といって良いでしょう。

西日でも生育できる植物のセレクト術

日陰でも生育可能な植物

日照条件が良くない環境でも安心！

クローバー

グランドカバーにぴったりのクローバー。直射日光で葉の発色が鮮やかになる。

ワイヤープランツ

耐寒性、耐陰性があり、繊細な見た目とは裏腹に、丈夫で育てやすい品種。

ツタカラクサ

春から秋にリナリアに似た花が咲く。花は薄紫、白、ピンク。生育旺盛で丈夫。

クリサンセマム・マウイ

夏に薄ピンクの花、冬はシルバー系の葉が鑑賞可。草丈も低く、ベランダ向き。

オレガノ ケントビューティー

オレガノの園芸品種で観賞用。花弁のように見えるガクは日が強いほど鮮やか。

フィカス・プミラ

茎は地這して生長。暗い日陰では茎が間延びするため、半日陰がおすすめ。

強い日光に耐える植物を選ぶ

西日が射すベランダの強い味方に。

ヘデラ

とても丈夫で手間いらず。つるは、ほかの鉢や棚にからませてディスプレイ。

コーカサス・キリンソウ

冬に葉が赤紫色になるドラゴンズブラッドや、斑入りのトリカラーなどがある。

ミスキャンタス

オリヅルランによく似ているが、別の種類。日向でも日陰でも元気に育つ。

オリヅルラン

葉は細長く下垂。性質を利用し、鉢スタンドで高さを出して壁と床をカバー。

耐陰性のある植物を選んで、壁面も有効利用

広森さんのベランダは、西向きで風当たりも強い。鉢の配置は耐陰性などを考慮しながら決めている。多くの植物を生育するため、壁面やベランダ柵の上部も有効利用。大きくなりすぎる品種は、選ばないように気を付けている。

ベランダの広さ：幅 640cm ／奥行き 110cm
柵のタイプ：コンクリート
手すりの色・素材：ベージュ・コンクリート製
日照条件：西向き、日当たりは強い
雨、風当たり：雨当たりなし、風当たりは強め
お手入れ：毎日、夏期の水やりは1日2回

植物を元気に育てるには ベランダの環境を知ることが大切！

広森さん宅のベランダは西向き。たいていの植物は、北や西向きの環境でも育つといわれますが、夏になると強すぎる日差しで花が絶えてしまうのだとか。

「いつも必ず季節の花を置きますが、真夏は花はお休み。風当たりも強いので、花がらが飛ばないもの、大きくなりすぎないものを選びます。花の色は金運アップのため、西は黄色、東側の玄関は赤と決めています」

柵側はほとんど日が当たらないため、プミラやワイヤープランツなど、耐陰性のある植物を置いています。

並べている５つの錆びた缶は、コーヒー缶に紙ヤスリをかけ、トイレ用の酸性洗剤を付着させ、錆び加工したもの。

レンガや飾り台などを駆使した、立体感のある空間作り。「アジアン雑貨は、手頃な価格で手に入るのも魅力です」と賢一さん。

veranda12

アジアン・ガーデンスタイル

窓を開けると、そこには別世界が広がっています。
民族音楽でも聴こえてきそうな、エキゾチック空間。
椅子に座ってみると、そのままずっと
グリーンを眺めていたいと感じる、癒しのガーデンです。

asian garden style

京都府・石丸賢一さん・陽子さん

殺風景だったベランダを一新し理想のアジアン・ガーデンに

石丸賢一さん、陽子さんご夫妻の趣味は、揃ってガーデニング。幅５ｍのベランダをふたつに区分し、それぞれのスタイルで庭作りを楽しんでいます。出て右側が、賢一さんの庭。睡蓮鉢のパピルスや大鉢の観葉植物、ヒンドゥー教の神「ガネーシャ」の置物などが置かれ、空間すべてがアジア一色です。

ガーデンを作る前も、植物を生育してはいましたが、ただ鉢を並べているだけの状態でした。

「どうにかしたいと思っていた矢先、インターネットで『ベランダガーデン倶楽部』のホームページを見つけ、衝撃が走ったのです」

賢一さんを夢中にさせたのは、アジアンテイストのベランダ画像。この世界を作る！と心に決め、本格的に庭作りを開始しました。

「アジア風に合う植物を徐々に集めるようになりました。本当に作れるか不安でしたが、床にウッドパネルを敷いてみたところ、全体像が見えるようになり、次はどんな植物を置けばよいのか、どんなものを手作りしたらいいのかがわかってきました。ベランダガーデンでもっとも大事なのは、背景作りだと思います」

一方、賢一さんとほぼ同時期にガーデニングをはじめた陽子さんの庭は、まったく装いの異なるナチュラルな空間。小さな花や繊細な雰囲気の植物を、空き缶やブリキの器に植えています。

「今もっとも欲しいのは、シンボルツリーです。憧れはミモザアカシア！」

これからも理想の庭作りを目指したいと話す、ふたり。休みの日は、一緒に雑貨や植物を見に行くのが楽しみだそうです。ひとつの空間でふたつの顔を持つ、表情豊かなガーデンです。

左：鉄瓶は、陽子さんのお祖母さんから譲り受けた。カラーを植えた缶は、雑貨店で手に入れたもの。使い込むうちにラベルの色が褪め、独特の風合いに。右:鉢の色は焦げ茶をベースにしている。青色の盆栽鉢も、この空間にしっくりと馴染んでいる。

下：睡蓮鉢の形に添ってレンガを敷き、玉竜を植えた。玉竜は、床にビニールシートを敷いてから土を入れ、地植え風に見せる。
左下：シュガーバインは、ベランダの柵に引っ掛けてディスプレイ。

落ち着きのあるアジアン調と季節の花が楽しめるナチュラル風ふたつの表情が楽しめる小さな楽園

左上:連結型木製パネルで、コンクリートの外壁を隠す。日曜大工は賢一さんの手によるもの。左下：「カンカンが大好き！」と陽子さん。真っ赤にペイントされた空き缶が、ベランダのポイントカラーに。下:ガラスのボックスに多肉植物を入れている。木製パネルに棚を取り付け、重量の軽い雑貨や鉢を置いている。

「やっと少しずつ、植物のことがわかりはじめてきた気がする」と話す、陽子さん。半日陰になりがちなボックス内に、ヒューケラの鉢を入れた。

大胆な観葉植物と繊細な和の植物が
自然に解け合うプライベート・ガーデンで
誰にも邪魔されず、
リゾート気分を味わう

今のスタイルが完成後、２年間で大きな模様替えを３度行っている。理想の空間にしようと、常に試行錯誤を繰り返しているという。

1
2
3
MIXED

アジアンテイストを演出するテクニック

コンクリートの壁や床、柵など人工的な素材を隠す

ベースカラーの焦げ茶で落ち着いた、アジアのリゾートホテルのような雰囲気を演出している。

アジアンテイストの雑貨をふんだんに使用

ベランダの主役は、「ガネーシャ」の像。アジア雑貨店で手に入れたお面は、時間の経過とともに風合いが出てきた。

透かし模様の板でアジアン調に

アルミ製の手すりに飾り板をくくり付け、柵にはヨシズと合わせ、自然な雰囲気を作り上げる。

棚や壁板を DIY しトータルにまとめていく

壁面は、黒ペンキとオイルステインを施したすのこで隠す。ナチュラル・ガーデンは、ウッドパネルを壁面サイズにカットし、L 字の留め金でつなぎ合わせた。

人工素材を隠してより自然なアジアン・ガーデンに

アジア風の空間に、コンクリートの壁や柵などの人工素材は似合いません。賢一さんは、自らペイントした木製パネルやよしず、麻布を使い、それらを徹底的に隠しました。床にはウッドパネルに加え、砂利やコケを敷き詰め、より自然な雰囲気を出しています。

「アジア調のガーデン雑貨はなかなか入手できないので、ないものは自分で作ります。壁のコーナー用のビニールハウスも作りましたし、いずれは植木鉢も自分で作りたいですね」と、意欲的に話してくれました。

アジアンとナチュラルの床の工夫

決め手は、床と壁。それぞれの雰囲気に合わせた、砂利やタイル、ウッドパネルを敷く。

よりアジアンな印象にするための植物

観葉植物と相性の良い和の植物も取り入れる

賢一さんは、控えめで落ち着きがある植物が好みですが、ベランダではフォーカルポイントとなるダイナミックな植物が必要なため、観葉植物も育てています。

しかし、石丸さんが暮らす地は、冬に非常に冷え込むため、真冬も外に置ける観葉植物が少ないのが悩み。年間通して外で生育でき、この空間との相性の良い植物—。探し続けて見付けたのが、ツワブキやユキノシタなどの和の植物でした。決して派手ではありませんが、アジア調の空間にしっとりと馴染んでいます。

観葉植物で、よりイメージを強調する

大胆な形の葉で熱帯の雰囲気を演出する。

パピルス

睡蓮鉢に植えた小型パピルス。耐寒性に強く、湿地を好む。水切れに注意。

ハラン

日陰にも強いため、半日陰になる柵側に設置。星のように入った斑がポイント。

カラー

切り花でもおなじみの植物。スッと伸びた茎と、斑入りの葉がエレガント。

シダ

ギザギザした葉が特徴 。アジアンや和との相性が良い。丈夫で耐陰性あり。

クワズイモ

蛙の雨傘のような葉と、太い根茎がユニーク。高温多湿を好む。

ニューサイラン

大型の葉が多い中、ニューサイランを使い、空間にシャープさをプラス。

ベランダを区分して２つの庭作りに成功

落ち着いたアジアン・ガーデンと、やさしい雰囲気のナチュラル・ガーデン、ふたつの顔を持つ、石丸さん宅のベランダ。それぞれ、床や壁面をしっかり作り込むことで、まったく異なる世界を作り上げることに成功している。

ベランダの広さ：幅 500cm ／奥行き 200cm
柵のタイプ：アルミ製柵
手すりの色・素材：シルバー・アルミ製
日照条件：南向き
雨、風当たり：雨当たりは少ない、風当たりは少々強め
お手入れ：毎日、夏の水やりは１日２回

日本古来の植物を大活用

繊細な和の植物の魅力を再発見。

ユキノシタ

半日陰でひっそりと生育する常緑植物。そのやさしい雰囲気に心が安まる。

オニゴケ

床に敷き詰めたり、鉢に植えたりと、ベランダの随所で使用している。

ツワブキ

下草に利用されることが多い。ここではシダの陰に床置きし、庭園風に演出。

玉竜

丈夫で草丈も低く、グランドカバー向き。ここでは睡蓮鉢の陰に植えている。

veranda13

ナチュラル・
ガーデンスタイル

ヨーロッパのアンティークが配されたベランダでは
季節の花やハーブが風にそよいでいます。
晴れた日は、外でティータイムを楽しみたくなる、
第2のリビングルームのような存在です。

natural garden style

神奈川県・のざきゆうこさん

上：錆びたホーローや鳥の餌箱は、アンティークショップや骨董市で入手した。すべてお気に入りの大切なものばかり。下：小さなハート形の器に植えたグリーンネックレスは、ベランダの庭で唯一の多肉植物。

左:100円ショップなどで手に入れたブリキの器も鉢として使う。右:右下に写っているバードバスは友人からのいただきもの。水を張って花びらを浮かべ、優雅なディスプレイを楽しむ。

香りのある可憐な花と
お気に入り雑貨に囲まれ
友人たちと過ごすティータイム

茶と白をベースにした、ナチュラルなベランダ。ペパーミントグリーンのガーデンテーブルが差し色になっている。

ハーブと花のやさしい香りに包まれる
アンティーク雑貨が配されたベランダ

　美しく咲き揃った花たちを眺めながら、友人たちとともに優雅にティータイムを楽しむ。それは、ガーデナーにとって憧れの光景です。11年前からこの家に暮らす、のざきさんは、大のバラ好き。庭にバラが咲く季節は、友人たちを招いてランチやティータイムを楽しみます。その会場となるのが、リビングルームの正面にある、ベランダガーデンです。

「ガーデニングをはじめるきっかけは、門から玄関までの長く殺風景なアプローチに、植物でも植えてみようか、という思いつき。バラをひと鉢育ててみて、もし枯らさなかったら続けてみようと思っていました」

　日当たりが良いこともあり、バラは見事に生長しました。現在、庭ではバラ、ベランダでは宿根草を中心に一年草やハーブなどを生育しています。彼女が目指しているのは、草原のような自然さを感じさせる庭だそうです。

「頑丈でしっかりとした植物より、レースラベンダーやコモンセージのような、風にそよぐ、茎の長い植物が好きです。原色の花ではなく、水彩画を思わせる、やさしい雰囲気の花を置くようにしています。なるべく同系色を使って、奥行き感を出しています」

　直立して生長する植物、こんもりと茂る植物、下垂性の植物など、さまざまな植物を組み合わせながら、ベランダ全体でバランス良くまとまるように気を配っています。

　さらに、ベランダで目に留まるのは、植物とともにディスプレイされた雑貨たち。彼女が集めたアンティークも数多く、ベランダに温かみと風格を与えています。

**さまざまな小物で
おしゃれに楽しむ**

野菜の寄せ植えに、さりげなくフランス語の値札を挿して、マルシェ風に。

**棚には雑貨を
ふんだんにディスプレイ**

お気に入り雑貨が並べられている、ラスティックな雰囲気の棚。転倒しないよう、ラティスに固定している。

**壁面を
最大限に活用して**

目隠しのために付けたラティスは、鉢を留め付けたり、雑貨を掛けるなどして華やかに。壁掛けタイプのホーローの器には苺を植えている。

**ボックスの中にも
雑貨と植物を並べて**

ポテトボックスの中に錆びた計りやスプーンをディスプレイ。箱の底に付いた網にS字フックをかけ、ミニバラを吊るしている。

ショップ同様に並べ ディスプレイして楽しむ

**手作りの
ハンギングポットで見せる**

サボンラックをイメージして作ったポットホルダーに、苺の鉢を入れて。古材に、水道管を止めるU字型フックを取り付けたもの。

アンティークと植物を組み合わせて空間に風合いを持たせる

ガーデニングだけでなく、インテリアも大好きという野崎さん。友人とともにアンティークショップや骨董市に出かけては、部屋やデッキに飾る雑貨を探しているそうです。

使い込まれたアンティークは、存在感が大きく、置くだけで空間に風合いが出ます。デッキのいちばん奥には、雑貨をディスプレイできる棚を設置しています。ペンキをラフに塗り、雨ざらしの環境に置くことで、古びた印象に。何気なく置かれたアンティークのホーローマグやボトルとの相性は抜群です。

寄せ植えを楽しむ ための植物セレクト

宿根草＋一年草、野菜＋ハーブ ふたつのパターンで楽しむ寄せ植え

なるべくたくさんの植物を育てたいけれど、鉢を置くスペースには限度があります。そこで、ぜひ試してみたいのが寄せ植えです。のざきさんのお宅でも、宿根草、野菜などを寄せ植えしています。宿根草の場合は、花の時期が限られてしまうため、そのとき花を咲かせている一年草で華やかさをプラスし、季節の変化を楽しみます。野菜の場合は、タイムやパセリ、紫レタスなど、形や色の違うものを組み合わせるようにすると、見た目にも美しい寄せ植えが作れます。

宿根草と一年草を混ぜる

背が高い植物、印象的な植物は寄せ植えのポイントに。

ユーカリ

宿根草と一年草中心のベランダで、銀白色の葉が、目を引く。

グレープセンテッドセージ

大型のセージ。ブルーの花は、ぶどうのような香りが楽しめる。

ディスコロールセージ

シルバーリーフと黒に近い紫色の花のコントラストがきれい。

ラムズイヤー

銀灰色の葉が印象的。フワフワとした毛に覆われ、触り心地が良い。

ストック

アブラナ科の一年草で日当たりを好む。色はピンク、紫、白など多彩。

レースラベンダー

花は春から秋まで楽しめる。高温多湿が苦手で、寒さにもあまり強くない。

くつろぎスペースとしても使えるように工夫

テーブルセットを置き、ガーデニングスペースとしてだけでなく、第2のリビングとしても利用。鉢の数は控えめにし、壁面などを有効に活用して配置している。アンティーク雑貨を使い、洋書のようなオシャレな空間作りを楽しんでいる。

ベランダの広さ：幅 270cm ／奥行き 160cm
柵のタイプ：ラティス
手すりの色・素材：茶色・木製
日照条件：南向き、日当たり良好
雨、風当たり：雨当たりあり、風当たりは強い
お手入れ：毎日、夏の水やりは1日2回

野菜やハーブで寄せ植え

ベランダで収穫したら、そのままキッチンへ。

イタリアンパセリ

普通のパセリよりも苦みが少ない。サラダやスープ、魚料理など用途が広い。

紫レタス

紫色の葉は、サラダの彩りに。野菜寄せ植えのポイントとしてもきれい。

シルバータイム

細かい葉に白い縁取りが入る。こんもりと茂り、ボリューム感を演出できる。

感性に任せて選んだ
好きな植物、好きな色で作る
美しいジャンクガーデン

veranda 14

カラフルジャンク・ガーデンスタイル

落ち着いた色合いのウッドデッキには、
力強く育ったカラフルな植物たちが並んでいます。
ここにいるだけで、元気いっぱいな気持ちになれる
大胆な色の組み合わせが見事です。

colorful junk garden style

徳島県・麻植亮子さん

思うままに、感じるままに ひたむきに作り上げた 植物たちの楽園

左上：グリーンにペイントし、英字新聞をラベルにした空き缶。中に植えているのはアイビーゼラニウム。右上：ガーデニングをはじめてから取り付けたシンク。本体はホームセンターで購入し、施工は業者に依頼した。水道はないが、園芸作業や掃除などの際にラク。左下：ベランダから一段下がった通路にも、さまざまな植物が。塀にはクレマチスを絡めている。右下：玄関前スペース。地面にはヘデラを絡ませ、白の大鉢にはトネリコ。ところどころに取り入れた、カラーリーフのバランスが見事！

左：キッチン前の塀は紫色にペイント。塀に絡む、黄モッコウバラとクレマチス・シロマンエとのコントラストがきれい。右上：グレイの壁と白い器の中で、紅葉したミセバヤがよく映える。右下：ワイヤーラックには、ビンや多肉植物など、小さなものをディスプレイ。

テーマは、素敵な景色作り
絶妙なバランスが心地良い、カラフルな庭

麻植さんの住まいは、郊外に建つ一軒家。庭は、１階にある日当たり抜群のデッキにあります。焦げ茶色のウッドデッキは、新築時、業者に設置してもらったものですが、その後の DIY のほとんどは、彼女自身によるものです。デッキと同色に塗ったラティスをはじめ、植物の鉢や雑貨の棚、空間全体のポイントとなっている白い木製扉など、さまざまなものを手作りしてきました。

「DIY は、手をつけるまで面倒に感じるかもしれませんが、やりはじめると次第にコツがつかめ、作業も早くなります。作るときのポイントは、完成をイメージしてひたすら頑張ること！」

そんな彼女は、鉢の色塗りもお手のもの。園芸店で手に入れた鉢は、紫、緑、グレイ、白などの水性ペンキで塗り、色鮮やかに仕上げます。意外にも、植物選びと鉢選び、鉢のペイント作業は、まったく別々に進行するそうです。

「好きな植物、好きな鉢を買い、好きな色を塗る。ペイント鉢はストックし、植物を入手したときに、色を合わせてみる。服をコーディネートするような感覚で組み合わせています」

植物の配置後は必ず写真に撮り、違和感はないか、バランスはどうかなどを、丹念に細かくチェック。写真に撮ることで、その完成度が判るのだそうです。

これまでのガーデン作りにおいて、ひたすら足し算を続けてきた麻植さんですが、そろそろ引き算の時期が来たと感じています。

「一旦すべてをリセットしてみたいです。どんな雰囲気にするかは決めていませんが、植物を厳選し、すっきりした空間を目指したいです」

カラフルなジャンクガーデンが、どんな空間へ生まれ変わるのか、今後の展開が楽しみです。

大胆にも紫色の板壁を設置

柵の一面を紫色にペイント。もう一面は白くペイントし、そのコントラストを楽しむ。

白い窓枠や棚で立体感を出す

焦げ茶色の空間に、白やペールトーンの色合いを合わせ、窓枠やニッチの存在を強調。

多色使いで楽しむ 上手な空間作り

棚は部分的に異なるカラーで

焦げ茶色の棚の隣は、白壁と色を合わせた棚。グリーンや紫色の鉢色が引き立っている。

ワンポイントにビビッドな色使いの雑貨を活用

真っ赤な色合いがかわいいラックは、古道具店で購入した。

ベースカラーは植物の色が映えるブラウン

落ち着いた焦げ茶色が、カラフルな植物の葉色を生かしている。

玄関前もトータルにコーディネート

玄関前には、錆びた器や使い込んだスコップを飾り、ジャンクテイストに。

ホワイト&グレイの組み合わせ

白い壁にグレイの棚を設置して、渋めのコーディネート。ここでは、日陰に強いラセンイやウォーターマッシュルームなどを育てている。

大胆な色使いと絶妙なバランス感覚でカラフルなジャンクワールドを展開

焦げ茶色のウッドデッキが敷かれたテラスは、全体的に落ち着いたイメージがあります。麻植さんは、そこに紫や緑、ブルー、白など、ビビッドな色を加え、個性的な空間を作り上げることに成功しました。中でも目を引くのは、大胆にも紫色にペイントした板塀です。その脇の塀は白く塗り、明るさをプラス。塀には、小さめの植物や雑貨がディスプレイできる濃いグレイの棚を設置し、甘くなりがちな空間を、ぐっと引き締めています。その色彩感覚とバランス感覚には脱帽です！

色で遊ぶための植物選び

ビビッドな色の植物

色鮮やかで華やかな、主役級の植物たち。

コリウス・ビンテージベルベット

緑の補色である赤い葉は、周辺の植物の葉色を引き立てる効果がある。

コリウス・ムーンライト

黄色い葉色はムーンライトという名前がぴったり。丈夫で生長が早い。

キャットテール

猫のしっぽのような、赤い花がかわいい。色が映えるよう白い器に植えて。

紅チガヤ

赤褐色の葉が美しい、イネ科の植物。寄せ植えに使われることも多い。

クレマチス

紫色の花芯が目を引く、原種のクレマチス。ツルは板壁に這わせている。

色を引き立てる役割の植物

ビビッドカラーの植物や鉢に合う、優しい色合い。

ディコンドラ

ミニバラの株元に植えて、スツールの上に。長く伸びた茎と銀白色の葉を強調。

クリスマスローズ

花がない時期のクリスマスローズは、その葉の形と濃い緑色の葉色を楽しむ。

エンジェルラベンダー

高温多湿に強く、初夏から晩秋まで咲き続ける。花は紫、ピンク、白もある。

リシマキア・ミッドナイトサン

銅葉でほふく性の多年草。半日陰でも良く育つ。春に黄色の花が咲く。

パンダスミレ

ウッドボックスに入れ、こんもりと茂った姿を強調。薄紫色の花がかわいい。

ヘリクリサム・ペチオラレ

葉は銀緑色。産毛に覆われ、ベルベットのような手触り。枝を横に伸ばし生長。

雨ざらしの環境でワイルドに育てる

一軒家だが、リビング脇に作ったウッドデッキ部分を使用しているため、植物はすべて鉢で管理。スペースが豊富にあることから、小さな空き缶に植えた多肉植物から、大鉢のクレマチスやトネリコまで、幅広く生育している。

ベランダの広さ：幅 640cm ／奥行き 355cm
柵のタイプ：ラティス
手すりの色・素材：焦げ茶・木製
日照条件：南向き、日当たり良好
雨、風当たり：雨当たりは強い、風当たりは普通
お手入れ：1日置き、夏の水やりは1日2回

補色同士を組み合わせて
ビビッドに、立体的に魅せる

麻植さんの色遊びは、鉢、植物の色から、ベースとなるベランダ空間まで広範囲。植物はシーズン毎にまとめ買いをするそうですが、その時点から空間作りがはじまっているのかもしれません。植物の配置を見ると、赤い葉のコリウスの脇に濃い緑色のクリスマスローズ、黄色の葉のコリウスの後部に薄紫色の花のエンジェルラベンダーと、補色同士を組み合わせています。これによってそれぞれの個性が引き立ち、庭全体を立体的に見せることに成功しているのです。

ベランダガーデン作り、実践ガイド

ベランダガーデン作りの第一歩は、
好きな植物を手に入れることではなく、
自分のベランダの特性をしっかりと知ることです。
庭として機能させていくための環境を整えて
ライフスタイルに合わせたガーデニングを楽しみましょう。

guide A
はじめに知っておくべきこと

ベランダは あくまで共有部分

多くのベランダは、マンションや団地といった共同住宅にあります。まずは管理規約を調べ、ガーデニングが禁止されていないか確認しましょう。ベランダは基本的に共有部分です。壁や天井に穴を開けたり、植物を床に直植えすることはできません。また、土は水を吸うと重くなるため、特に古い建物の場合は、その点も注意。ベランダガーデンを行うには、近隣への配慮が不可欠です。水やりの際に階下に水をかけたり、ゴミを隣のベランダに飛散させることがないよう気を付けましょう。

guide B
最初に準備するもの

「水をやる、土を掘る、切る」ために 必要最低限の園芸用品を揃える

最低限揃えておきたいのは、水やり用のじょうろ、土を掘り返したり、植物の植え付けをする際に使うスコップ、剪定バサミや木バサミです。このほか園芸用グローブ、培養土をふるうためのフルイ、鉢に土を入れるときに便利な土入れ、バケツ、ガーデンシート、霧吹き、細かい作業の際に便利なピンセットなどがあります。園芸に慣れるに従い、道具へのこだわりが出てくるようになります。必要に応じて徐々に揃えると良いでしょう。

揃えたい園芸道具

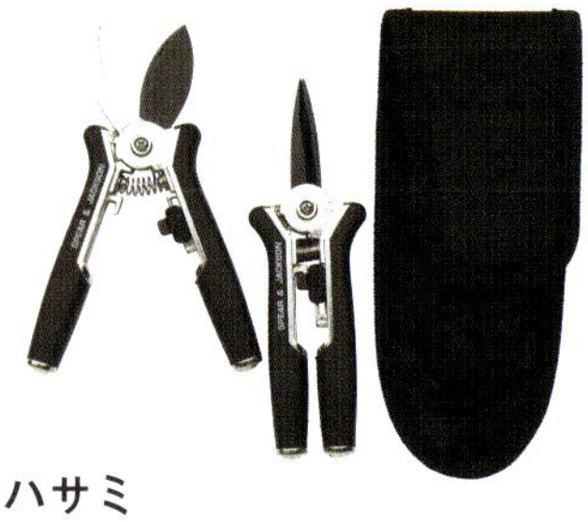

ハサミ

剪定バサミは、樹木の枝や木質化した宿根草などを切るときに。木バサミは、花ガラや1cmくらいの枝が切れる。／右：T、左：P

グローブ・手袋

土の掘り返しには軍手、トゲのある植物には革製と使い分けてもよい。／T

サンダル

防水性があり、脱ぎ履きもラクな、庭仕事用のサンダル。／T

スコップ

剣先の広いものと細いものがあるが、握り具合が良く、柄がぐらつかないもの、重すぎないものを選ぶ。／右:T、下：P

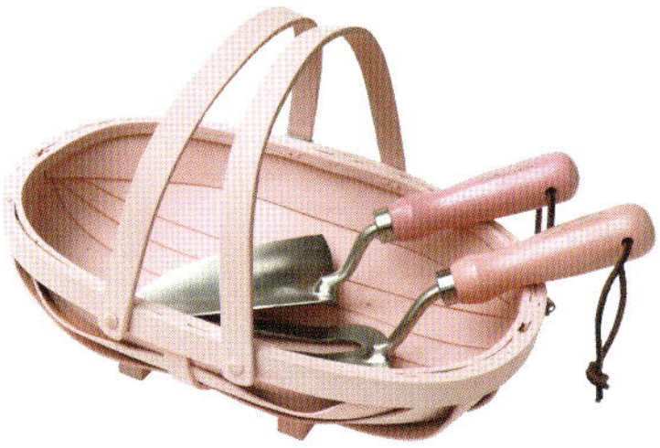

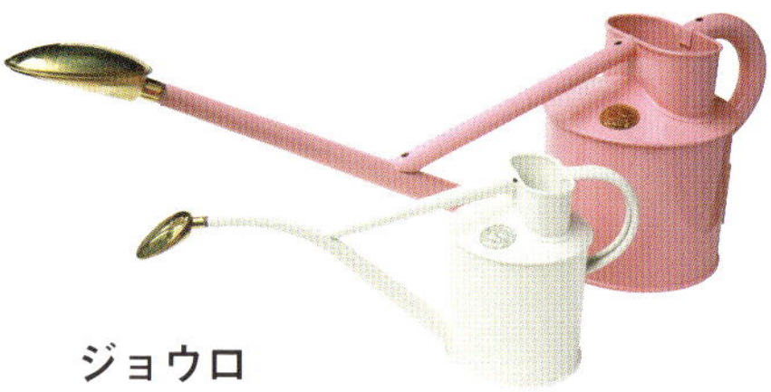

ジョウロ

容量3～6Lが一般的。ハス口が脱着できるタイプが便利。／T

guide C
ベランダの広さや環境を確認

植物や資材選びをするために ベランダ条件を知ることが大切

　次に、ベランダ環境を把握します。方位、広さ、形状、手すりの材質、色、タイプ、高さ、床や壁の材質、ひさしの有無などをチェック。ベランダは、高層階になるほど乾燥しやすく、風当たりが強い傾向にあります。また、床はコンクリートの照り返しで気温が上昇しやすく、夏は多湿傾向にあります。ガーデニングにもっとも適しているのは東南向きといわれますが、北や西向きでも諦める必要はありません。耐陰性の植物もありますし、日差しの強い西向きなら、遮光して対処できます。

自然環境をチェック

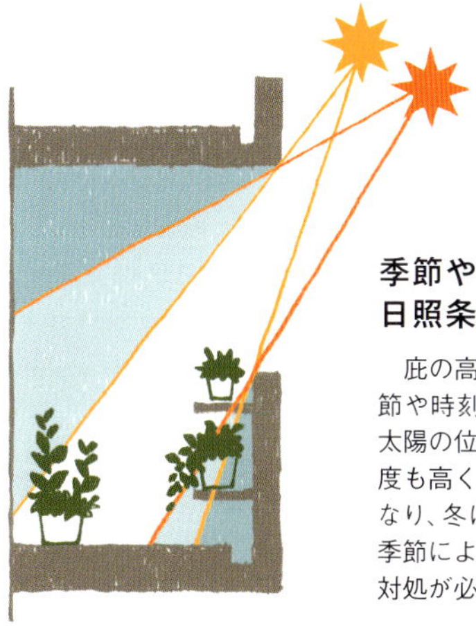

季節や時間によっても 日照条件は大きく変わる

　庇の高さや長さ、手すりの形状、季節や時刻により、日照は変化します。太陽の位置が高くなる夏は日差しの角度も高くなり、奥まで日が入りにくくなり、冬はその逆の現象が起こります。季節によって鉢の位置を変えるなどの対処が必要です。

ベランダのつくりをチェック

日照条件
●コンクリート柵の場合、日が当たらない場は雑貨置き場として使う、台などで鉢の位置を上げるなど工夫する。

広さと形
●狭い場合は、小さめの植物を使用し、台などで高低差を付け、置き場所を増やす方法がある。

立地条件
●同じ建物でも、棟の端にあるのか、中央にあるかで風の当たり方が変化するため、要チェック。

室外機の位置
●エアコンの室外機から出る風は、植物には好ましいものではない。直接風に当てないように注意。

壁面や床のつくり
●材質にも異なるが、室内の熱気や照り返しで、気温や湿度が高くなる傾向がある。耐暑性が低い植物は注意。

排水溝の位置
●水の流れ、形状を確認。花ガラや枯れ葉、土が流れると、排水溝が詰まる恐れが。隣と共同の場合は特に注意。

避難通路
●集合住宅はベランダが避難経路の役割をもつ。避難用隔壁や避難ハッチは塞がず、緊急時に使える状態にする。

気温条件
●気温が高い傾向にあるため、夏は風通しを良くする対処が必要だが、冬は植物を育てやすい環境でもある。

風当たり
●高層階は風当たりが強くなることが多いが、高層ビルが隣接する場合は、低層階が強風にさらされることも。

湿度
●照り返しがあり、風通しが悪いと気温も湿度も上昇。鉢の直置きは根を傷め、過度の多湿は病気の原因にも。

外環境の影響
●外から丸見えなら、目隠しの対処を考えて。沿岸部では潮害に強い植物を選ぶなど、外環境も考慮に入れる。

guide D
ベランダガーデンのテーマを決める

ベランダの環境を踏まえた上で 作りたいガーデンの方向性を決める

　ベランダの環境がしっかりわかったら、どんなガーデンを作れるのか、自分がどんな雰囲気にしたいのかを考えてみましょう。それによって、実際に園芸店に行ったとき、どんな植物を選んだらいいのか、どんな資材をコーディネートしたら良いのか、がわかってきます。雑誌や写真を見て、気に入ったイメージを把握しておくのもいいですね。方向性がしっかり定まれば、テーマ性のある、美しいガーデンが作れるはずです。

スタイルの方向性
●モダン、和風、トロピカル、ジャンク、ナチュラルなど、キーワードを設定するとイメージが作りやすい。

テーマカラー
●好きな色、掲げたキーワードに合う色をメインカラーにすると、雰囲気を作りやすくなる。

植物のテーマ
●食べる、香る、花を見る、色を楽しむ、実らせる、などのキーワードを決めると、統一感ある空間が作れる。

guide E

テーマに合った資材選びを行う

コンクリートの照り返しを防ぎ ベランダのイメージも作り上げる

ベランダの床素材でいちばん多いのがコンクリートです。コンクリートは照り返しが強く、植物に悪い影響を与えてしまいます。かといって、すべての鉢に鉢受けを置いても不格好。そこでおすすめしたいのが、床材を敷くことです。床材は植物を守るのはもちろん、ベランダの雰囲気を形作り、よりすてきに演出してくれます。素材は材木からタイル、樹脂、レンガなどさまざまで、連結できるタイプもあります。もちろん、材木などを使って、DIY に挑戦してみるのもいいでしょう。

●枕木

線路に並べられていた木材で、独特の風合いがある。薬剤処理されているため、屋外でも利用できる。大きくて重いのが難点だが、ベランダでも使える、小さくカットされたタイプもある。

●ウッドパネル

ジョイントできるパーツが付いていることが多く、ズレを防ぐことができる。土台はプラスチック製のため、水はけが良く、腐りにくい。

●樹脂材パネル

ジョイントできるパーツが付いていることと、石のパネルとは異なり、軽量であることが魅力。モダンな雰囲気にしたいときにおすすめ。

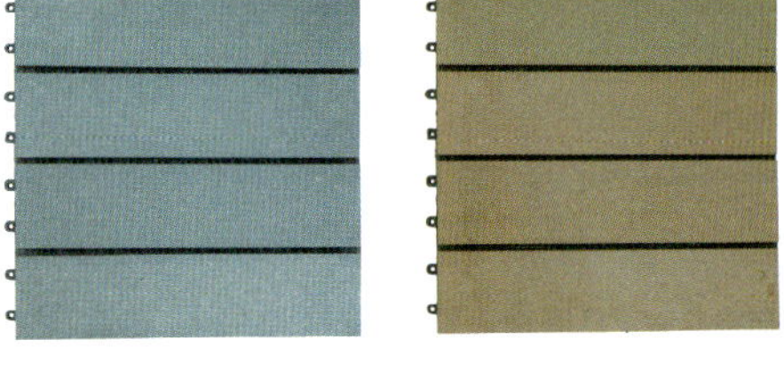

タイルやブロック、ウッドパネルで床をつくる

●連結タイル

プラスチック素材の土台で連結されているので、取り外しがラク。ナチュラルな雰囲気が演出可能に。

●石タイル

上品な色合いで、エレガントさや高級感を出したいときにぴったり。重量があるため、多数使いをしたいと考える場合は熟慮すること。

●樹脂枕木

古い枕木に似せて作られたもの。軽量で腐らず、ささくれも出ないため、使いやすい。ウッドパネル感覚で使える。

●レンガ

赤レンガ

黒レンガ

白レンガ

アンティークレンガ

デコブリック

フランスレンガ

ミックスレンガ

ベルギーレンガ

穴あきレンガ

ひと言でレンガといっても、風合いや色合いは千差万別。レンガだけで床をすべて覆うのは、重量的にも作業的にも大変なので、枕木やウッドパネルなどを併用しながら、ポイントとして使うのがおすすめ。レンガを重ねて棚にしたり、鉢受けにしたりと、用途は幅広い。

●ブロック

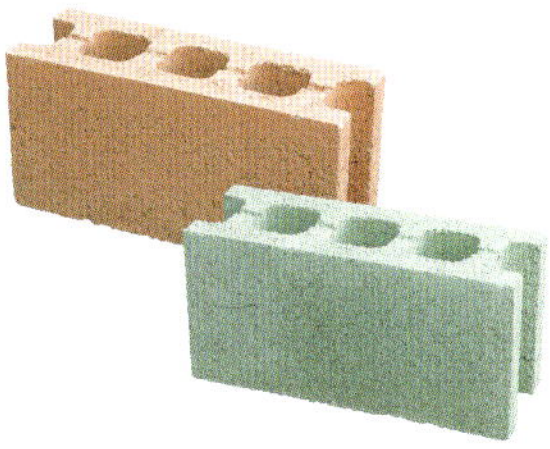

レンガよりサイズが大きいため、高低差の演出や棚の土台などに重宝。ナチュラルな色合いも良い。

●ミニレンガ

ミニサイズのレンガは、まさにベランダ向け。たくさん並べて仕切りを作ったりするのにぴったり。

●コンクリートブロック

ミニサイズのブロック。ナチュラルなベランダやモダンテイストなベランダにも使える自然な色合いもある。

●テラコッタタイル

六角形のテラコッタタイルは、使い込んだような、ナチュラルな雰囲気。

ラティスやパネルで自然な雰囲気作り

壁面

●壁面に穴を開けて、ラティスを固定することはできない。壁に立てかけ、その前に鉢置き用の棚を置くとよい。きれいに剥がすことが可能な、建築用の強力接着テープを使用して固定するのも良い。

手すり

●手すりや柵を隠すには、S字フックや麻ひも、結束バンドを使用して固定。真夏の遮光の効果も期待できる。

エアコンカバー

●フックや結束バンドでパネルを組み合わせ、室外機の前面部分や上面を隠す。より完成度を高めるなら、市販のエアコンカバーを使ったり、DIYで作ってみるのもおすすめ。

●ラティス＆パネル

人工的な壁面や手すりを隠すために使われることが多い。自分で好みの色にペイントするのもおすすめ。

砂利

部分敷き用向き。手軽でどんな植物とも合う。色、形、サイズはさまざまなので、和風、洋風、ジャンクなど、さまざまなガーデンに使える。写真は、化粧砂利、五色砂利、ガーデンロックと呼ばれる、ヨーロッパ産の石材砂利。

防犯砂利

材料は再生ガラス。踏むと大きな音がするため、防犯用として使われる。重量が軽いため、ベランダに適している。

バークチップ

鉢のマルチングに使われるものだが、床に敷くとナチュラルな雰囲気に。軽くて使いやすいが、時間の経過とともに変色することもある。

guide G

テーマに合った植物を決める

トータルなコーディネートで ベランダをガーデンに作り替える

ベランダのテーマや背景作りが整ったら、いよいよ植物選びです。もし、明るくナチュラルなイメージに作りたいなら、花ものを中心にしてみたり、渋めの雰囲気にしたければ、和テイストの植物を選んだり、カラフルにしたければ、カラーリーフを使って、葉色を楽しむガーデンにしてみたり。もちろん、植物はひと鉢というわけにはいきません。色、形、高低差を考えながら植物を組み合わせ、ベランダ空間をひとつのガーデンに仕上げていきます。

植物の選び方アドバイス

日当りで選ぶ

●日当たりが悪いベランダでは、半日陰から日陰で育つ植物をチョイス。ギボウシ、クリスマスローズ、ヤブラン、アイビーなど。

気温で選ぶ

●地方にもよるが、気温が高くなる環境では、耐暑性のあるものを。あまり耐寒性・耐暑性でないものは、真冬または真夏は室内へ。

湿度を考慮

●植物選びの際は、原産国の環境を参考にするのもひとつの手。乾き気味のベランダなら、保水性の高い多肉植物はおすすめ。

風当たりを考慮

●風当たりの強い高層階では、鉢の転倒が心配。丈の大きな樹木や、枝の折れやすい植物は、重心が低めの鉢を使うなどして対処。

生活サイクルを考慮

●手入れに時間が割けないなら、手間のかからない宿根草などを中心に。剪定、肥料やりなど、手間のかかるバラは避けた方が良い。

コーディネートの際のポイント

●色の組み合わせ

植物は、コーディネート次第でその表情が大きく変わります。コーディネートが決まると、空間に統一感が出て、ベランダの雰囲気がまとまります。花や葉の色合わせの基本を知っておくと、実際に植物を選ぶ際にとても便利です。

■ 薄い色

主張しすぎない、優しくナチュラルなイメージが作れる。あまり使いすぎると平面的に見えるので、アクセントとして、濃い色を加えるとよい。

■■ 補色

反対の色合いを組み合わせると、コントラストが強くなり、鮮やかな印象になる。難易度は高いが、色の分量に差をつけるとまとまりやすい。赤と緑、黄色と紫などは、比較的コーディネートしやすい。

■ 濃い色

個性的で主張が強いので、全体の中のアクセントとして使いたい色。組み合わせも難しいので、上級者向けといえる。

■■ 同系色

まとめやすいため、さまざまな種類の花を使いたいときは便利。失敗が少ないので、初心者にもおすすめの組み合わせだ。

●大きさの組み合わせ

葉の大きなものは大胆で力強いイメージ、一方、葉や花の小さなものは、繊細な雰囲気があります。小さなものだけを集めても、平坦になりますが、あまり両極端なものを組み合わせると、ちぐはぐになりがち。バランスを見て合わせる必要があります。

●形の組み合わせ

植物の形は大きくわけて４パターン。配置する場所を選んで、それぞれの特性を生かしましょう。上方へ垂直に伸びる植物は奥のコーナーなどに、球状にまとまる植物や下垂する植物は手前に配置。アーチを描く植物は、空間のポイントに向いています。

●高低差の組み合わせ

あえて同じ大きさの植物を使うのも、ひとつの方法ですが、あまりに整いすぎると、人工的で不自然な雰囲気になりがちです。丈の高いもの、低いものを組み合わせることで、立体感が演出でき、表情豊かな空間が作れます。

大きさで判断する際のコーディネートにおすすめの植物

ガーデンコーディネーター・松田行弘さんがセレクト

多年草・低木

ベランダを彩る植物で、ボリューム感が表現できます。これらの多年草や低木をベースにして、一年草の花ものを加えると、華やかな雰囲気になり、季節感も楽しめます。

アガパンサス

Agapanthus africanus
多年草
原産国：南アフリカ
乾燥に強く、虫が付かず、病気にもならない常緑多年草。日陰でも育つが花付きが悪くなる。夏は白や紫の花が咲く。

クリスマスローズ

Helleborus orientalis
多年草
原生地：地中海沿岸、東ヨーロッパ
病害虫被害がなく、鉢で管理しやすい。日陰でも比較的花を付ける。定期的に施肥を行うとしっかりした株に。

コンボルブルス

Convolvulus sabatius
多年草
原生地：地中海沿岸
日当たりが良い場所で乾燥気味に育てるのが良い。寒さに弱く、冬は寒風を避ける。匍匐性なので、大鉢の足元に。

ツルバキア

Tulbaghia violacea
多年草
原生地：南アフリカ
水はけのよい用土で、日当たりが良ければ手が掛からない、丈夫な球根植物。生長が遅い。

モクビャッコウ

Crossostephium chinense
常緑低木
原生地：台湾、中国、沖縄各島々の海岸岩場
シルバーリーフの中では管理しやすく、こんもりと生長するので、剪定は花が咲いた後のみで良い。

ベロニカ・オックスフォードブルー

Veronica peduncularis Oxford Blue
多年草
原生地：ヨーロッパ・アジア
鮮やかな青色の花を春に咲かせ、冬場は紅葉を楽しめる。日当たりを好み、見た目よりかなり丈夫なのが頼もしい。

シンバラリア

Cymbalaria muralis
多年草
原生地：ヨーロッパ南西部
つる状に広がるため、半日陰で鉢から垂らしたり、トレリス上部に這い上がらせる。春から秋に白や紫の花が咲く。

ヘリクリサム

Helichrysum petiolare
半つる性常緑低木
原生地：南アフリカ
高温多湿に弱く、軒下の半日陰での生育が良い。ボリュームが出ると蒸れやすいので、こまめにカットを行う。

ラベンダーデンタータ

Lavandula dentata
常緑低木
原生地：地中海沿岸
四季咲きなので、ほかのラベンダーと違い、通年花が楽しめる。水切れだけに注意していれば良く、管理がラク。

キャットミント

Nepeta cataria
多年草
原生地：地中海沿岸、ヨーロッパ中北部
丈夫で生育旺盛な分、根の張りも早い。1～2年に1度、植え替えや株分けを。ハーブティーや料理にも。

チェリーセージ

Salvia greggii
常緑低木
原生地：メキシコ
赤以外に、白、クリームや淡いオレンジ色の花も。日当たりが良ければ、5月頃から秋の終わりまで咲き続ける。

ハナニラ

Ipheion uniflorum
多年草
原生地：南アメリカ
夏場は葉がなくなる球根植物で、日の当たる大鉢の足元に植えれば何もしなくても毎年春に花を咲かせてくれる。

カラミンサ

Calamintha nepeta
多年草
原生地：地中海沿岸
暑さ寒さに強く、花期も長い。半日陰でも育つが水切れに注意。刈り込んで枝を増やせばこんもりした株に。

ニューサイラン

Phormium tenax
多年草
原生地：ニュージーランド
耐陰性があり、丈夫。種類も大小さまざまあるので、大型種はメインに、小型種はフォーカルポイントに最適。

アスパラガス・スプレンゲリー

Asparagus densiflorus Sprengeri
多年草
原生地：南アフリカ
冬の寒風に当てないと、非常に丈夫で管理しやすい。常緑なので高い場所に置いたり、吊り鉢でアクセントに。

ロータス・ブリムストーン

Lotus hirsutus Brimston
常緑低木
原生地：地中海沿岸、南ヨーロッパ
明るい灰緑色の葉が魅力な常緑樹で、鉢だと垂れるように伸びるため、日当たりの良い台の上などに。

中低木

ベランダガーデンのフォーカルポイントとして使いたい、主役級の植物。花木の開花時期は限定されているため、季節毎に、フォーカルポイントに置くものを変えてみるというのもいいでしょう。

バラ・グラウカ

Rosa glauca
落葉低木
原生地：中央ヨーロッパ
一重でピンク色の花以外に、灰緑色の葉、たわわになる実など、観賞価値が非常に高く、比較的鉢で育てやすい。

レモンバーベナ

Aloysia citrodora
常緑低木
原生地：モロッコ
葉がレモンの香りを放つ、熱帯性常緑樹。ハーブティーやポプリ、バスハーブなどにも利用できる。

ローズマリー

Rosmarinus officinalis
常緑低木
原生地：地中海沿岸
丈夫なハーブの定番。日当たりさえ確保すれば、乾燥にも強く丈夫に生育可能。日陰や軒下でハダニが付くことも。

ブルーベリー

Vaccinium
落葉低木
原生地：北アメリカ
ラビットアイ系だと、暖地でも結実しやすく、毎年ピートモスを土の1～2割混ぜると生長が抜群に良くなる。

モッコウバラ

Rosa banksiae
半常緑つる性低木
原生地：中国
トゲもなく、病害虫が付きにくいため、鉢で管理しやすい。放任して広げても壁面などに誘引しても。施肥は多めに。

キョウチクトウ

Nerium indicum
常緑低木
原生地：インド
街路樹で見かけるピンク花以外に白、サーモンピンク、赤などの園芸種や矮性種も。丈夫なため、鉢で育てやすい。

カシワバアジサイ・スノークイン

Hydrangea quercifolia Snow Queen
落葉低木
原生地：日本を中心とした東アジア
アジサイ全般が鉢植えに向き、日陰でも花を付けやすい。花期が長く、秋口の花色の変化や紅葉も楽しめる。

ゴードニア

Gordonia lasianthus
常緑高木
原生地：中国
花期が長く、椿に似た白い花を夏に咲かせる。常緑なので、目隠しや鉢物の背景に利用できるが、寒さにはやや弱い。

シコンノボタン

Tibouchina semidecandra
半常緑低木
原生地：東アジア
紫紺色の美しい花を初夏から秋口に次々と咲かせる。水切れに注意し、熱帯性なので関東以北では冬場は室内へ。

セイヨウニンジンボク

Vitex agnus-castus
落葉低木
原生地：南ヨーロッパ～西アジア
日当たりを好むが半日陰も可。株が小さいうちから、夏に薄紫色の花穂をたくさん付け、鉢でも比較的大きく生長。

バイカウツギ・スノーベル

Philadelphus Snow Belle
落葉低木
原生地：東アジア、アメリカ
半日陰でも花を付け、虫や病気も付きにくい。大きな鉢に植えて広がるように生育すると、庭のレイアウトの骨格に。

アメリカアカバナトチノキ

Aesculus pavia
落葉低木
原生地：北アメリカ南部
トチノキの中では小型品種で、花付きが良い。水切れに注意し、バルコニーやベランダではメインの植物になる。

アカシア・シルバーワトル

Acacia retinodes
常緑低木
原生地：南東オーストラリア
アカシアの矮性種で四季咲き。生長が早く、大きめの鉢で管理するのがコツ。ベランダで通年楽しめる。

つる系

ボリューム感と動きを出せます。生長の具合よっては、ベランダの主役になることも。建物を傷めないよう、ツルの誘引はきちんと行いましょう。ツルを這わせるオベリスクなどを用意するのがおすすめです。

ブーゲンビリア

Bougainvillea
落葉つる性低木
原生地：ブラジル
日当たりの良い場所であれば、鉢替えもせず、花を咲かせる。ピンク以外に白やオレンジ花も。耐寒性が低い。

フィカス・プミラ

Ficus pumila
常緑つる性低木
原生地：南アフリカ
鉢植えでは葉が大きくなりにくいので、壁やフェンス沿いに植えて這わせると、ゆっくりと緑の壁を作ってくれる。

ヘンリーヅタ

Parthenocissus henryana
落葉つる性低木
原生地：中国
新緑と紅葉、実も楽しめる。壁やフェンスなどに沿わすと付着根を出して広がっていくため、適度な剪定が必要。

房咲ツルハナナス

Agapanthus africans
半常緑つる性低木
原生地：ブラジル
夏から秋にかけ、紫色の花がたわわに咲く。ツルハナナスよりも耐寒性がないため、冬は霜に当てない管理が必要。

プルンバーゴ

Plumbago auriculata
半常緑つる性低木
原生地：南アフリカ
花期が長く、虫や病気に強い。冬から春にビニールで株を覆い、開花温度に早く近づけて開花期を長くできる。

ブラックベリー

Rubus fruticosus
落葉つる性低木
原生地：ヨーロッパ、南北アメリカ
丈夫なつる性の果樹で、日当たりが良ければ花付きも良く、結実もしやすいので、キッチンガーデンの片隅に。

ナツユキカズラ

Polygonum baldschuanica
落葉つる性低木
原生地：中国西部、チベット
タデ科の非常に丈夫なつる性植物で、日当たりが良い立地であれば、鉢植えでも、夏はつる全体に白い花が付く。

ハニーサックル

Lonicera japonica
半常緑つる性低木
原生地：南ヨーロッパ、東ヨーロッパ
生長が早く、鉢でも管理しやすい。日当たりの良い場所を好むが、半日陰でも可。春に香りの良い花を咲かせる。

ハゴロモジャスミン

Jasminum polyanthum
常緑つる性低木
原生地：中国南西部
非常に強健で日当たりが悪くとも花が咲く。常緑で、どんな場所でも生育する。葉色が悪くなったら施肥を行う。

リュウキュウアサガオ

Ipomea indica
落葉つる性低木
原生地：熱帯アジア
よく茂り、鉢でも簡単に生育できる。夏の濃い緑の葉はグリーンカーテンに最適。夏至以降、ブルーの花も美しい。

guide H
植物と鉢を組み合わせる

鉢のテイストを合わせて
空間をトータルにコーディネート

鉢には、テラコッタや素焼きのほか、プラスチック、ブリキ、木、石……といった素材があり、形状も普通鉢、スタンド鉢、深鉢、平鉢などさまざまです。(p.141参照)代表的なテラコッタ鉢は、通気性が良く、ナチュラルな雰囲気で人気があります。プラスチック鉢は軽量で安価、ブリキ鉢は錆びやすいですが、それがかえって味になります。空間に統一感を出すには、鉢のテイストや素材を揃えるのがおすすめ。その中に、異なる素材の鉢があるとポイントになります。

組み合わせのコツ

色

●テラコッタカラーは自然な風合いを出すのに向いている。鉢を暗めの色合いにすると、植物の存在が引き立つ。

形

●植物の形に合わせ鉢を選ぶ。浅めの鉢には根の浅い植物を。長方形型は同じ種類の花を植え、ボーダー花壇風にアレンジするとすてき。

素材

●通気性の良いテラコッタは、どんな植物にも合うが乾燥しがち。植物によっては、水持ちの良いプラスチック製が向いていることも。

高低差

●鉢の高さに差をつけると立体感が演出できる。鉢置き台や鉢スタンド、ハンギングタイプの鉢を使うなど、さまざまな方法がある。

guide I
空間づくりを行う

ガーデンオーナメントで
ベランダ空間に華を添える

植物と鉢だけではなく、オベリスクやアクセサリー、ガーデンファニチャー、アクセサリーなど、ガーデンに華を添えるガーデンオーナメントがあると、ベランダ空間をオシャレに演出することができます。鉢を置く棚やボックス、鉢台などは装飾としてだけでなく、効率的な空間使いや日当たりの確保などの目的でも使えます。自分の目指す雰囲気に合わせ、上手に選びましょう。

●ガーデンファニチャー

広さに余裕があれば、テーブルやイス、ベンチ、パラソルを置いてもすてき。そうしたファチャーがあると、ベランダでの時間が長くなりそうです。自然な風合いの木製や、モダンなアルミ製、朽ちた雰囲気が魅力のアンティークなどがあります。

空間づくりアイテム

●ガーデン雑貨

プランツラベル

植物の名前を書き、鉢の中に立てておくもの。種や球根を植えたときに重宝。／右：T、左：B

種管理ボックス

種袋ごと収納できる優れモノ。表にラベルを入れられるので便利。／T

キャンドル

夜のガーデンも楽しみたいときにおすすめ。小さな電球が点くタイプもある。／B

●花壇ブロック

床置きした植物の周りに置くと、即席の花壇に。プラスチック製のプランターを隠すのにも便利。／V

噴水

流れる水が涼しげ。電源を使うため、コンセントの差し込み口が設置されているベランダ向け。／B

●ガーデンアイテム

鉢台

高さがある鉢台は、つる性植物や下垂性植物が良く似合う。フォーカルポイントとしても使える。／V

オーナメント

エンジェルや動物などのオーナメントはガーデナーの遊び心をくすぐるアイテム。／V

●木製フェンス

プランターに挿して、ウッディな雰囲気を出すのも良い。／V

●ミニ連杭

これで植物の鉢をぐるりと囲めば、あっという間にミニ花壇に。／V

●丸太連杭

用途はミニ連杭と同じ。ワイヤーで連結され、自由に形作れる。／V

P= プロトリーフ ガーデンアイランド玉川店、B=PACOW BOTANY、T=tool box 西麻布（以上すべて、p.154 〜園芸ショップガイド参照）、V= スーパービバホーム 新習志野店（p.87 参照）

guide J

実際に植物を配置する

基準となる視点を決めて広がり感と奥行き感を演出

さあ、いよいよ実際に、植物やガーデンファニチャーを配置しましょう。ポイントは、どの場所からの眺めを一番良く見せたいのかということ。ベランダの場合は、室内のリビングルームが多いでしょう。その位置の視線の高さや位置を考慮し、レイアウトを決定づけていきます。ベランダに限らず、ガーデンには自然に人の視線が集まるフォーカルポイントがあります。フォーカルポイントは、植物の鉢でもオーナメントでも構いませんが、ベランダの後方に配置し、空間に広がりを持たせます。

手作りのガーデニングを応援！
スーパービバホーム 新習志野店

生活に密着した商品を豊富に揃えた、地域最大級の次世代型ホームセンター。ガーデンセンターは、植物はもちろん、ガーデンファニチャーや資材まで、あらゆるものが揃う。ガーデンアドバイザーもいるので、植物に関するアドバイスもしてもらえる。材木、部材、工具も揃い、DIY 派にもおすすめ。

p.82 〜 84 の掲載商品は、すべて「スーパービバホーム 新習志野店」。p.84 の防犯砂利は自社製品になる。

配置のポイント！

1 **日当りに準じて置く**
その植物が直射日光を好むのか、半日陰が良いかによって置き場所を替える。

2 **高低差を利用する**
棚やガーデンアイテム、鉢スタンドなどを使い、高低差を作り、立体感を出す。

3 **フォーカルポイントを作る**
自然に人の視線が集まるポイントを作る。フォーカルポイントは植物でもオーナメントでも良い。

4 **立体感を出すように置く**
床にべたっと置いただけでは平面的。棚を使ったり、ハンギングしたりして、空間を有効に使い、立体感を演出。

5 **配置換えしやすく置く**
ガーデンファニチャーなどは、イメージチェンジの際に、作業がしやすいように置く。

6 **植物のボリュームを意識して置く**
植物が生長したときのことも考えて植え込むことが必要。歩く場所がなくなるほど、鉢数は増やさないこと。

7 **掃除しやすいように置く**
複雑に入り組ませた配置をすると掃除が億劫に。病害虫発生予防としても常に清潔にし、整頓しておくのが理想。

8 **楽しんで行うことを忘れずに！**
ベランダガーデンは、完成までの工程も楽しいもの。楽しみながら、自分のペースで作り上げて行こう。

スタイルチェンジで楽しむ ガーデニング

ベランダガーデンを統一感のある空間にするには
しっかりしたテーマをもつことが大切です。
人気ガーデンコーディネーターの松田行弘さんに
スタイルが異なる３つのガーデンを作っていただきました。
理想の庭を作るためのヒントが満載です。

施工前の
サンプルベランダ

リビングルームの前にある、横幅190cm、奥行き86cmのベランダ。向かって右側にエアコンの室外機、左側は隣のお宅との避難経路が。

version1
Oriental Garden
オリエンタルガーデン

version2
Cafe style Garden
カフェスタイルガーデン

version3
Resort Garden
リゾートガーデン

上：座ったときにも緑が感じられるよう、低い位置にツゲを植えている。右：小さなテーブルを置けば、ベランダがリビングルームに。下：エアコンの室外機の上には、３種類のシダを置き、人工的な壁を隠す。上向き、横向き、下垂と、伸び方の違いがおもしろい。

甘いお菓子で和のティータイム
シンプル＆モダンな和の庭

version1 / Oriental Garden

オリエンタルガーデン

爽やかな黒竹をフォーカルポイントに
耐陰性のあるグリーンを加えて

甘さを抑えたプライベートカフェで
おしゃれなブランチタイム

左：トピアリー仕立ての月桂樹は、ベランダのシンボルツリー。大きな植物をひとつ入れることで、庭らしさが演出できる。上：夜はランタンでライトアップしてもすてき。下：季節の花を植えた小さな鉢を加え、季節感を出す。「このベランダをナチュラルにするなら、つる性植物や葉色が明るいもの、花物などを選ぶといいですね」と松田さん。

version2 / Cafe style Garden

カフェスタイル ガーデン

葉色の濃い常緑樹や黒い鉢を使って
白い空間を引き締め、大人っぽさを演出

ジャンク雑貨と熱帯植物
意外な相性の良さが楽しい

上：ニューサイランやアロエ、ビロードヤシなど、シャープなラインの植物が目を引く、動きのある庭。トタン板に看板をかけたことで、ワイルドなだけではない、おしゃれな空間へと変化。右：大きなカポックや、エアコンの室外機の上に載せたビロードヤシ、足元を茂らせたヘデラやプミラなど、空間を緑で埋め、ボリューム感を出している。

version3 / Resort Garden

リゾートガーデン

熱帯植物のエネルギーが感じられる
ラスティックで渋い、ジャンクなガーデン

それぞれのガーデンの施工ポイント

基本のデッキ作り

まずはベランダガーデンの背景作り。
室内との統一感演出には、ベランダの床作りが要。

1. 施工前

最初に床のかさ上げ作業を行う。このベランダの場合、室内との段差は 20cm。

2.

床板を載せるための基礎作り。枠を作り、沓柱を建てる。排水路を塞がないよう注意。

3.

枠の中心、コの字に組んだ沓柱の上に大引と呼ばれる横木を渡し、枠組みを固定する。

4.

隣家との境界部分。後の床掃除などの作業を考慮し、隣家側の枠の端はふさがない。

5.

ベランダの床に勾配がある場合は、材木やゴムの端材をかませて高さを調整する。

6.

床の基礎作りが終了したところ。ここに床板を載せていく。

7.

両端の２枚のネジを緩めに留め、糸を張ると、ネジ位置のガイドになって便利。

8.

ネジ位置が決まったら、各板を固定する。各板片側２カ所ずつ留めていく。

9.

ネジ止め完了。後のメンテナンスをしやすくするため、端の数枚はネジ止めしない。

室外機カバー

L 字型枠の上に、室外機サイズに合わせたフタをのせる。枠前部はルーバー構造に。

version1
オリエンタルガーデン

落ち着きのある雰囲気を出すため、床にはイペ材を使用。
イペ材は硬くて油分が多いため、歪みにくく、腐りにくいのが特徴。

1.

柵と壁によしずを設置。床材とも色を合わせ、統一感を出している。

2.

足元を華やかにするため、横長の木製プランターを作成し、柵側に配置する。

3.

プランターには耐陰性のあるツゲを植栽。ツゲの替わりにトクサを植えても合いそう。

4.

柵に設置した、よしずの上部。３枚の板をコの字型につなげ、よしずをはめ込んでいる。

version2 カフェスタイルガーデン

床や壁は白いペンキを塗って雰囲気を統一。
反射光の効果もあって、明るく爽やかな印象に。

1.

床の基礎作りが終了。室内との段差が小さければ、レンガでのかさ上げも可。

2.

基礎の上に、白くペイントした床板を載せていく。

3-1.

床板を載せ終わったところ。1に比べ、明るく、スッキリとした印象に。

3-2.

別角度から見たベランダ。

4.

ベランダの柵に壁板を付ける。壁板は柵と床の間に挟み込んで固定している。

5.

壁を設置。床板と仕切りの隙間にはめ込む。柵に付けた壁板と床板で、挟んで固定。

6-1.

床と壁の設置が終了。全面を壁で覆っているため、耐陰性のある植物を選ぶ。

6-2.

部屋から見たベランダ。城で統一しているためか、圧迫感もなく、オシャレな雰囲気に。

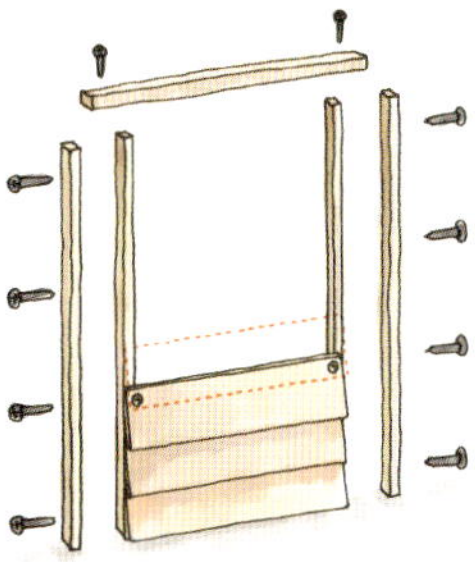

よろい張り

壁面は、よろい張りで仕上げた。よろい張りは板の一部を重ねながら張っていく工法のこと。

version3 リゾートガーデン

ラスティックに仕上げた、ジャンクテイストのガーデン。
ここでは色合わせで統一感を演出。

1.

基礎の上に床板を載せていく。床板は白くペイントしてから剥がし、エイジング加工。

2-1.

柵には、アメリカ製の錆びたトタンを使用。

2-2.

部屋から見た、ベランダの全景。

3.

ポイントに、古い看板をディスプレイして完成！

コンセプトに基づいた背景作りでスタイルのあるベランダガーデンに

「スタイルを持ったベランダガーデンを作る際は、背景作りが第一のポイントになります。テーマに沿って、既存の柵や壁をどうアレンジしていくかが大事です」
と話す、松田さん。ベランダの一部をアレンジするだけなら、大掛かりな仕掛けは必要ありません。しかし、ベランダ全体をコーディネートしようと考える場合は、背景作りは必須。今回の場合は、オリエンタルはよしず、カフェは白壁、リゾートはトタン。それぞれまったく違う素材で、それぞれの世界を表現しています。

それぞれのガーデンの植物とプラスワンアイテム

version1
オリエンタルガーデン

植物チェックポイント

黒竹

小型で葉張りが出ないので、狭小スペースにお薦め。耐寒性、耐暑性があり、湿気好き。

ハラン

日陰で乾燥した場所でも生育する強健種。強い光に当たると葉焼けをおこす。

タマシダ

日本に自生するシダで、西日と風を嫌う傾向があり、やや乾燥した場所を好む。

ジュウモンジシダ

山間部でよく見られるシダで、暖地では冬もきれいに葉が残る。日陰、半日陰で生育。

クサツゲ

ツゲの中では、こんもりとコンパクトに育つ。蛾の幼虫が付くことがあるので注意。

アイテムポイント

よしず

柵や壁はよしずで覆い、和のイメージを作った。比較的安価で手に入るので便利。

テーブル＆クッション

中にワイヤーが入っており、高さがある。和にも洋にも合うデザインが魅力。

花壇風

狭い空間でも邪魔にならず、足元を華やかに。ツゲを植え込み、シンプルに仕上げた。

白い鉢

背景に落ち着きがあるため、鉢は白で統一し、空間に明るさをプラスした。

version2
カフェスタイルガーデン

植物チェックポイント

ゲッケイジュ

軒下で生育する場合、カイガラムシが付いたり、栄養不足になるので注意する。

キンメツゲ

新芽が黄色い。葉が密に茂って刈り込みやすいため、さまざまな形に仕立てられる。

ジュリアン

秋から春に出回り、日当たりを確保すれば、開花期を非常に長く楽しめ、管理もラク。

ストック

早春から強い香りを放ち、咲き続ける一年草。色や品種も比較的多くある。

イヌツゲ

ツゲの中では葉色が悪いが、日陰には強い。乾燥に注意が必要。刈り込んで楽しめる。

アイテムポイント

テーブル

狭い空間では、必要なときだけ出せる、折り畳みのテーブルが重宝する。

折り畳み椅子

テーブル同様、必要なときに出し入れして。鉢を置いてディスプレイしても良い。

カンテラ

夜はカンテラに火を灯し、ナイトガーデンを楽しむのもいい。

モダンな黒鉢

背景が白いため、甘い雰囲気にならないよう、あえてモダンな鉢をチョイス。

version3
リゾートガーデン

植物チェックポイント

カポック

観葉植物と呼ばれている中でも寒さに強く、暖地においては、路地でも生育する。

ゲッキツ

耐寒性のある、常緑の柑橘類。ジャスミンとは別種だが、花は似た強い香りを放つ。

ビロードヤシ

耐寒・耐陰性のあるヤシで、大きな団扇状の葉が特徴。室内の明るい場所でも生育可。

アイビー

半日陰でも育ち、耐寒性があり、戸外で越冬が可能。強健で生育しやすい。

フィカス・バーガンディ

黒葉のゴムの木。基本種と同様に強健。耐寒性が強く、夏は半日陰に配置する。

ニューサイラン

黄斑や銅葉種、さらに大小多数の品種がある。観葉植物と違い、肥沃な土を好む。

ツデー

西洋タマシダ。半日陰で生育させ、水切れを起こすと葉が汚くなるが、切り戻すと良い。

ハラン

ドットが入った品種で、基本種より小さい葉が特徴。日陰にも強い。冬は乾燥気味で。

キダチアロエ

昔からよく見かける品種。常緑かつ丈夫で、株が充実するとオレンジ色の花を咲かせる。

フィカス・プミラ

鉢植えの場合、生長は遅くとも付着根が出るため、壁面に這わせることができる。

シュガーバイン

日本に自生するナツヅタの仲間で、比較的寒さに強い、常緑つる性植物。半日陰でも可。

ワイヤープランツ

丈夫なつる性植物で、支持物があれば、登坂していく。水切れすると生長が衰える。

アイテムポイント

バケツ

フランス製のフタ付きバケツ。鉢カバーとして使っているが、用具入れにも良さそう。

木樽

フランスのアンティーク。ビロードヤシとカポックの鉢カバーとして使用。

バケツ

縦に入ったラインが個性的。古いバケツは、ジャンクなイメージを演出するのに手軽。

ワイナリーの看板

フランスで使われていた、ワイナリーの看板。文字部分にガラスのボトルを下げる。

たらい

古いトリックスの椅子のカラーとコーディネート。床置きで鉢カバーとして使用。

看板

フランスのデリで使われていた古い看板を設置。文字色が背景にマッチして。

バードフィダー

鳥の餌箱で使われていたもの。ベビーティアーズのような地被類を植えるのにおすすめ。

植物選びのポイントは「大」から「小」が基本！

３パターンのベランダは、それぞれスタイルは異なりますが、「ベランダに人の居場所を作り、植物が楽しめる空間にする」というコンセプトが共通しています。ベランダの雰囲気をリビングのインテリアに合わせると、部屋とベランダを一体化させることができます。

空間作りとともに大切なことは、ベランダに置く植物のチョイス。忘れてならないのは、完成後のベランダ環境と配置したい植物の相性を考えること。オリエンタルガーデンのように、よしずで遮光するのか、あるいはカフェスタイルやリゾートガーデンのように、完全に壁を作って光を塞ぐのか。つまり、直射日光を好む植物を選ぶなら、柵を塞がない方法を採る必要があり、耐陰性のある植物なら、壁で塞いだ環境でも育てられます。例えば、リゾートガーデンの観葉植物や、オリエンタルガーデンで植栽した、ハランやツゲのような植物は、耐陰性があり、ある程度遮光した状態でも生育できます。

ベランダのテーマ、背景、それに合う植物の性質が決まったら、実際に植物を選んでいきましょう。まずは、骨格となる「大」の植物を決め、ポイントとなる「中」の植物、彩りを与え、雰囲気を和らげる「小」の植物の順で選びます。

「ベランダガーデンをはじめるときは、ほとんどの人が「この植物がかわいいから買おう！」という思考で、そこに好きな植物を加えていくという順序になると思います。もちろん、それでも構わないのですが、もし、新しいベランダを作るのであれば、「大」から「小」の方法で選んでいくと、空間作りがラクになります」

と、松田さん。３つのパターンでは、ベースであ

り、フォーカルポイントでもある「大」の植物を、丈夫な常緑樹で統一。オリエンタルは竹、カフェは月桂樹、リゾートはゴムの木にしています。「中」の植物は、ぽっかりと空間が空いてしまいがちな「大」の株元周辺を華やかにし、さらに彩りの「小」の植物で、足元を埋めます。宿根草や花物を使って、季節感を演出するのもいいでしょう。
「日本において、ガーデニングは園芸好きの人のものですが、ヨーロッパの場合は、特別植物に興味がない人も、植物を生活の背景として捉えているように感じます」

部屋とベランダの一体感によって、ベランダガーデンは生活の一部になれます。ベランダのイメージチェンジをしてみると、新たな気持ちで植物と向き合えるかもしれません。

ライフスタイルに合わせたテーマで個性豊かに作り上げた居心地の良いベランダガーデン

ガーデンコーディネーター
松田行弘さん

1970年生まれ、東京都出身。学生時代より植物に興味を持ち、造園会社を経て2002年独立。自由が丘に庭のデザインとアンティーク雑貨を扱う「BROCANTE」を開き、現在に至る。2009年にはアトリエ兼ショップの「BHS around」もオープン。
BROCANTE　http://brocante-jp.biz/

伊波英吉さんがおすすめ＆生育法アドバイス

育ててみたい！
ベランダ向きの超個性派たち

誰も作っていないような、オリジナルなガーデンを作りたい！
そのためには、個性的な植物を選びたいものです。
「THE OLD TOWN」の伊波栄吉さんがセレクトしてくれた、
ベランダガーデンで使いやすい個性派植物に心を奪われます。

葉もの

ガーデンの主役に、アクセントに使いたい
ユニークなフォルムを活かした「魅せる」葉ものたち

シンプルなディスプレイにも寄せ植えにも

時間が経つほどに、シンプルな形へと変化していくストレリチア、葉をくるくるとねじらせながら伸びるラセンイ、下垂するツルコケモモなど、形のおもしろさが際立つ個性派揃いです。

ストレリチア・ユンケア

Strelitzia reginae Juncea
常緑多年草
原生地：亜熱帯アフリカ

ストレリチアの葉が小さい品種。棒状になる葉が特徴。生育期である5〜9月の肥料切れを避け、乾燥気味で生育。

ルブス・カリシノイデス

Rubus calycinoides
常緑低木
原生地：中国

つる性の常緑品種。春に白い小花が咲く。ちりめん状の縮れた葉が特徴的でグランドカバーに最適。耐寒性あり。

ルメックス

Rumex sanguineus
耐寒性多年草
原生地：ヨーロッパ、南西アジア、北アフリカ

緑葉に赤筋の入った葉が特徴的。暑さ、寒さ、ともに強く、水はけの良い環境を好む。寄せ植えのアクセントにおすすめ。

スティパ

Stipa tenuissima
耐寒性多年草
原生地：ヨーロッパ中南部

葉が細い、小型のグラス。日当たりを好み、秋から冬にかけて穂先が枯れるため、3月に刈り込むこと、高温多湿に注意。

ラセンイ

Juncus effusus spiralis
半耐寒性常緑多年草
原生地：北半球温帯

イグサの仲間で、茎が螺旋状にねじれて育つ。日当たりを好むが、できるだけ乾燥させないように注意。春に株分けを行う。

ヘンリーヅタ

Parthenocissus henryana
落葉蔓性低木
原生地：中国

葉形が美しいつる性植物。小型のうちは寄せ植えにもおすすめ。丈夫で耐寒性が強く、秋には紅葉も見られ、落葉して越冬。

ツルコケモモ

Vaccinium oxycoccus Linn
常緑低木
原生地：中国

夏に淡いピンク色の花が咲き、秋には赤い実をつける。日当たりを好むが、半日陰でも良い。ハンギングなどにおすすめ。

花もの 渋みのある植物たちのイメージを壊さずに ベランダ空間に、文字通り“花”を添える

存在感のあるシックな色合いの花たち

地植えよりもベランダでの鉢植えに向いた、コンパクトサイズの植物が中心です。
寄せ植えとしてはもちろん、単鉢でも見栄えのする植物を選んでいます。

ペラルゴニウム・ラベンダーラス

Pelargonium Lavender lass
半耐寒性多年草
原生地：南アフリカ

四季咲き性で、長期間咲き続ける多年草。淡いピンク色の小花が美しい。夏に強く、気温によって戸外でも越冬可能。

石垣スミレ

Viola tashiroi makino
非耐寒性多年草
原生地：日本

八重山スミレの変種。初夏から秋まで白い小花が咲く。葉・花ともに5ミリほどで、極めて小さい。多湿に弱い。

クレマチス・ピクシー

Clematis Pixie
常緑つる性植物
原生地：ニュージーランド

フォステリー系の常緑クレマチス。春にライムグリーンの芳香性のある花が咲く。鉢植え向きで、乾燥に強い。

ダリア・ダークデザイヤー

Dahlia Dark desire
球根植物
原生地：メキシコ、グアテマラ

春から初夏にかけ、濃赤色の花が咲く。日当たりを好み、多湿に弱いため、水はけのいい場所で生育。真夏は半日陰が良い。

ビデンス

Bidens triplinervia macrantha
非耐寒性多年草
原生地：北アメリカ南部、メキシコ

またの名をウィンターコスモス。下垂性のため、ハンギングなどに最適。春から秋にかけて黄色の花を咲かせ、夏も強い。

ペラルゴニウム・トムキャット

Pelargonium Tomcat
非耐寒性多年草
原生地：南アフリカ

10度以上の温度を保つと、周年黒味の強いワインレッドの花を咲かせる。日当たりを好み、夏場は半日陰で風通し良く。

スカビオサ・チリブラック

Scabiosa Chile black
常緑多年草
原生地：ヨーロッパ、アジア、アフリカ

春から秋にかけて黒色の花が咲く。日当たりを好み、加湿を嫌うため、多湿に注意。風通しを良くし、水はけを良くして。

ルブス・コマーソニー

Rubus commersonii
落葉低木
原生地：中国

バラに似た木苺の仲間で、別名がトキンイバラ。春に八重咲きの白い花が咲く。日当たりを好む。暑さ、寒さともに強い。

ペラルゴニウム・イオカスタム

Pelargonium iocastum
宿根草
原生地：南アフリカ

春から初夏にかけ、1～2センチほどの小さな花が咲く。花付きが良く、株も大きくなりやすい。高温多湿に注意！

多肉植物・サボテン

厳しい自然環境で生き抜いてきた、サキュレント。
余計な装飾は全て排し、その個性を引き立たせる

シンプルだからこそ、そのインパクトは絶大

力強くて独特の形をした多肉植物のフォルムを見せるために、シンプルな鉢に植えています。
大きくなればなるほど、品種の個性が出てくるのだとか。じっくり時間をかけて育てたい植物です。

ダドレア・ブリットニー

Dudleya brittoni
半耐寒性常緑多年草
原生地：メキシコ

大型の多肉植物で、白い粉をふいた葉が美しい。半日陰で生育し、蒸れに弱いため、夏場は水を控えた方が良い。

ハオルシア・オブツーサ

Haworthia obtuse
半耐寒性常緑多年草
原生地：南アフリカ

小型で子吹きして群生する。サボテン用土では乾きすぎのため園芸培養土を使用。直射日光を避け、夏と冬は水を控える。

セダム・ドラゴンズブラッド

Sedum spurium Dragons blood
常緑多年草
原生地：

茎が伸び、先端だけに葉が残る姿は、寄せ植えにおすすめ。日当たりを好み、夏冬と強くて丈夫。グランドカバーにも。

アガベ・滝の白糸

Agave schidigera
半耐寒性常緑多年草
原生地：

葉縁に糸状の繊維が、カールしているのが特徴的。耐寒性・耐暑性がともに強く、乾燥にも強い。インドアでも生育可能。

厳選した植物で魅せるスタイリングを

伊波さんが選んだ植物たちは、形も色もユニークで印象的。花はグリーンの中に加えるとポイント的な存在となりますが、色が渋いためか、花だけが浮き立つことはありません。
「開花期が長いものが中心です。ビデンスやペラルゴニウム・ラベンダーラス、オキザリスなどは春から秋まで開花します。花がなくても、葉の形や色を楽しむことができます」
カラーリーフの銀葉と黄葉が明るさを作り、銅葉は空間をキリリと引き締めます。多肉植物は、それひとつで風景ができてしまうほど、強い存在感を放っています。
では、これら個性派の植物たちを購入するにはどうしたらよいのでしょう。
「ホームセンターなどでは、なかなか手に入れることは難しいかもしれません。個人が経営する、こだわりの園芸店を訪ねるといいと思います」
さらに、個性派の植物を美しく見せるコツを教えていただきました。
「ぎゅうぎゅう詰めにするのではなく、テーマを持ち、数鉢だけで美しく見えるような状態がいいですね。理想をいえば、本当に気に入ったものだけを置くという見せ方をしたいと思います」
ベランダはすでに植物でいっぱい、という人も多いでしょう。だからといって、ベランダを一掃する必要はありません。テーマに合わせたカラーリーフをひとつ、ベランダに加えてみる。白が多い空間なら、明るい色合いのカラーリーフを合わせて、葉色のグラデーションを楽しむ。それだけでもいいのです。植物は生きていますから、時間が経てば、新しい植物に取り替える時期もやってきます。そのときにひとつずつチェンジしていく。その過程も楽しいはずです。

カラーリーフ

ガーデンの雰囲気を明るくしたり、グッと引き締めたり
ポイント使いにぴったりな、ベランダ空間の要

銀葉　やさしい色合いで強い印象を中和させる

やわらかなイメージがあり、渋い色合いの中に加えると、パッと明るくなります。
見た目は繊細ですが、意外に丈夫な品種が多いのも特徴です。

ディコンドラ・シルバーフォール

Dichondra Silver falls
半耐寒性多年草
原生地：北アメリカ

銀色の葉と茎を持ち、下垂性。日当たりを好み、日当たり良い方が葉色が美しく出る。多湿を嫌うが、半日陰でも育つ。

ペラルゴニウム・イングランドバイオレット

Pelargonium sidoides Reniforme
半耐寒性多年草
原生地：南アフリカ

夏、冬ともに強く、日当たり良い場所で生育。春から秋まで花が咲き続ける。加湿が苦手なので、鉢植えに適している。

ドリクニウム・ヒルストゥム

Dorycnium hirsutum
常緑低木
原生地：ポルトガル・地中海地方

春に白い小花が咲く。成長するにつれ、動きの出る枝が特徴的。耐寒性が強く、冬も葉を落とさないが、多湿に注意。

ゴンフォスティグマ

Gomphostigma virgatum
常緑低木
原生地：南アフリカ

初夏から秋にかけて白い小花が咲く。大きく育ち、切り戻しで繰り返し咲く。日当たりを好み、耐寒性があり、丈夫。

スファエラルシア・コクシネア

Sphaeralcea coccinea
半耐寒性常緑低木
原生地：北アメリカ西部

ソファエラルセア・コッシンネアとも呼ばれ、葉色が美しい樹木。日当たり良い場所から半日陰で育て、乾燥に注意する。

リシマキア・アトロプルプレア　ボジョレー

Lysimachia atropurpurea Beaujolais
宿根草
原生地：バルカン半島

ボルドー色の花が美しい。日当たり、乾燥気味を好む。夏場の多湿に弱いため、風通しを良くし、強い日差しを避ける。

バロータ・キャンディア

Ballota pseudodictamnus Candia
常緑低木
原生地： 地中海沿岸、西アジア

葉の表面がベルベット状できれい。春に白い小花が咲く。梅雨時季から夏の高温多湿に弱いため、乾かし気味に育てる。

フェスツカ・グラウカ

Festuca glauca
耐寒性多年草
原生地：ヨーロッパ中北部

ブルー系のシルバーリーフが特徴。耐寒性、耐暑性があり、強健。乾燥に強く、風通しの良い場所で乾き気味に管理。

ピレア・グラウカ　グレイシー

Pilea Glauca Greizy
非耐寒性常緑多年草
原生地：不明

這い性の小型品種。半日陰で生育し、丈夫だが乾燥に弱く、夏は水切れに注意する。冬は10度以上の暖かい室内で管理。

銅葉　シックなベランダには欠かせない存在

個性派ガーデンの主役ともいえる、インパクトのある葉色が特徴です。
ガーデンの中に、銅葉をひとつ加えるだけで、キリッと引き締まった景色が作れます。

ミカニア・デンタータ

Mikania dentate
半耐寒性多年草
原生地：ブラジル

葉表は濃い緑、裏はパープルでコントラストが綺麗。日当たりを好むが、夏の多湿に注意。丈夫でつるが良く伸びる。

ウンシニア・ルブラ

Uncinia rubra
耐寒性常緑多年草
原生地：ニュージーランド

耐暑性、耐寒性ともに優れており、生育しやすい。コンパクトサイズのグラス。光沢のある赤褐色のシックな葉色が綺麗。

ハロラギス メルトンブロンズ

Haloragis erecta Melton bronze
半耐寒性常緑多年草
原生地：オーストラリア、ニュージーランド

這性型で日当たりを好む。半日陰でも生育可能だが色が悪くなる。強風や冬の寒風、霜に注意。寄せ植えのアクセントに。

ヘミグラフィス・レパンダ

Hemigraphis repanda
非耐寒性多年草
原生地：マレーシア

赤黒い細葉の葉色が美しく、春に白い小花が咲く。耐暑性があり、非耐寒性。グラウンドカバーに使用されることも多い。

レプティネラ

Leptinella squalid Platt's black
耐寒性多年草
原生地：オーストラリア、ニュージーランド

直射日光を避け、半日陰で生育。高温多湿に弱く、乾燥気味で管理する。匍匐性でグランドカバーに適している。

銅葉ミツバ

Cryptotaenia japonica Atropurpurea
耐寒性多年草
原生地：日本

春に白い小花が咲き、濃い銅色の葉が寄せ植えに最適。繁殖力が強く、耐陰性があり、耐湿性、耐乾性に強い。

リグラリア・ブリッドマリークロフォード

Ligularia dentata Brit-mrie Crawford
宿根草
原生地：日本、中国

迫力のある大葉が特徴的。夏に黄色い花が咲く。日当たりを好むが、半日陰でも生育可能で、鉢植えに適している。

カラスバ（紅ニガナ）

Ixeris dentate
常緑一、二年草
原生地：日本、東アジア

黒葉ニガナとも呼ぶ。耐寒性、耐暑性があり、春から夏に黄色の花が咲く。若い葉は緑だが、良く日に当てると濃くなる

ゲラニウム・セシリフォリウム

Geranium sessiliflorum
耐寒性多年草
原生地：ニュージーランド

チョコレート色の葉がきれいで、春から初夏に白い小花が咲く。暑さ、寒さ、ともに強く、蒸れに弱い。夏は半日陰で。

オキザリス・カッパートーン

Oxalis vulcanicola
非耐寒性多年草
原生地：南アフリカ、中米〜南米
春から秋まで黄色い花を咲かせる。日当たりを好み、水はけを良くする。冬は強い寒さ、霜に注意。適度な追肥が必要。

シミシフーガ・ピンクスパイク

Cimicifuga ramosa Pink spike
宿根草
原生地：北アメリカ
春に薄ピンクの花が咲く。耐寒性があり、多湿に弱い。半日陰での生育が良いため、ベランダ栽培に適している。

小町ユリ

Arthropodium candidum
宿根草
原生地：ニュージーランド
ユリ科の超小型種。表葉の色は銅葉、裏側がシルバー色。春から初夏に白い小花が咲く。日当たりを好み、多湿を嫌う。

黄葉　パッと目につく、明るい色合い。銅葉との相性は抜群！

直射日光が苦手なものが多く、窓越しの光の中で育てるくらいのほうが、葉の色が美しく出ます。
ベランダで育てるなら、柵やほかの鉢の陰、午後からは日陰になるような場所に置くといいでしょう。

ジャスミン・フィオナサンライズ

Jasminum officinale Fiona sunrise
半耐寒性つる植物
原生地：アフガニスタン〜ヒマラヤ、中国
つる性で黄金葉のジャスミン。春から初夏にかけて咲く白花の香りがとても良い。半日陰の方が発色が鮮やかに。

オレガノ・クリスプム　オーレア

Origanum vulgare Aureum crispum
宿根草
原生地：ヨーロッパ
オレガノの黄金葉で縮れた葉が特徴的。耐暑性、耐寒性があり、半日陰の方が葉色が美しい。砂地のグランドカバーにも。

朝霧草

Artemisia schmidtiana 'Aurea'
耐寒性多年草
原生地：日本
朝霧草の黄金葉品種。日当たりを好む。高温多湿に弱いので、夏場は涼しい場所に配置する。寄せ植えの脇役に最適。

リシマキア・ヌンムラリア

Lysimachia nummularia 'Aurea'
耐寒性宿根草
原生地：ポルトガル、スペイン
地這性で夏、冬とともに丈夫だが乾燥に弱い。日が強いと、葉が焼けるため、半日陰のグランドカバーにおすすめ。

メギ・オーレア

Berberis thunbergii 'Aurea'
耐寒性落葉低木
原生地：日本
芽吹きの頃の黄金葉が美しい。耐寒性、耐暑性があり、害虫なども付きにくい。寄せ植えのメインとして使用される。

ナワシロイチゴ・オーレア

Rubus parvifolius Linnaeus 'Aurea'
耐寒性常緑低木
原生地：日本、中国
つる性の常緑植物。初夏に淡いピンクの花が咲く。風通しの良い、半日陰で生育。日が強いと、葉が焼けるため。

野菜とハーブ、果物でいっぱいのベランダ。チンゲンサイ、キャベツ、ニンジンは、もっとも日当たりの良い場所を確保。ネギ、水菜などは、多少日当たりが悪くとも育つため、背の高いギンバイカの木陰に。

ベジタブル・ガーデンで
スタイリッシュに
野菜を上手に育てる！

野菜を栽培するとなると、おしゃれさとは無縁な気がしてしまいますが
工夫次第で、とてもスタイリッシュな空間になります。
野菜作りとスタイリング、それぞれのプロフェッショナルが
おいしくて、おしゃれなベランダ菜園の作り方を伝授してくれます。

野菜栽培の神様・藤田智先生がベランダ栽培の疑問を解消してくれました

前篇 ベランダでも、野菜はしっかり育つ！

本当にベランダで野菜が作れるの？
どんな野菜から作り始めたらいいの？
野菜作りに挑戦するために、さまざまな疑問をクリアして、
楽しい収穫を目指しましょう。

育てる前に

まずは、ベランダでどんな野菜が育てられるかを知りましょう。

Q ベランダ栽培に向いている野菜、向かない野菜を教えてください。

A 向いている野菜／春～夏:ミニトマト、ピーマン、なす、きゅうり、ゴーヤ、さやいんげん、小松菜、チンゲンサイ、ミニニンジン、枝豆　秋～冬：ミニ大根、ミニ白菜、ミニキャベツ、玉レタス、サニーレタス、サンチュ、苺、空豆、タマネギ、ほうれん草
向かない野菜／春～夏：とうもろこし、大型のすいか（小玉なら可）、メロン（マクワウリなら可）、冬瓜、ごぼう　秋～冬：大根、白菜、キャベツ、カリフラワー、人参（大サイズ）

Q 初心者向けの野菜はありますか？

A 種蒔き、または苗を植え付けてから、30日程度で収穫できるサニーレタスやサンチュ、小松菜、ほうれん草、わけぎなどは、初心者向けの野菜といえるでしょう。プランターで育てる場合は、２週間に１度くらいに施肥が必要ですが、30日間であれば、途中１度だけ施肥すればよい計算になります。ミント、バジル、タイム、ローズマリーなどのハーブも、管理が楽です。バジルは苗からであれば、初心者にも簡単に作れます。

用具について

コンテナ選びから、培養土。野菜に必要な用具とは？

Q 野菜栽培では、どんな鉢（プランター）を選べば良いでしょうか？

A ●根菜類やトマトやキュウリといった実もの：容量20～25L以上の大型の深型が必要です。サイズは30cm × 80cm × 30cm程度。１株だけであれば、直径30cm ×深さ30cmくらいで可。
●葉もの：作物の大きさによって異なります。短期間で作れる小松菜やチンゲンサイは、容量10～15L程度の標準サイズ、ミニ白菜などは深さはなくとも良いですが、中型からやや大型。ハーブは、容量10L以下の小型で構いません。
　プランターの素材は主に、プラスチック、素焼き、木製ですが、それぞれ特徴があります。
●プラスチック鉢：安価、軽い、壊れにくい。通気性が悪く、水やりを控える必要がある。
●素焼き鉢：生育が良い、見た目がよい。高価、重く割れやすい。通気性が良く乾きやすい。
●木製：通気性が良く、乾きやすい。次第に腐ってくるため、長期間の使用ができない。
　これらのことをふまえて、自分の好みやベランダの環境に合わせた鉢選びをしましょう。

Q 土は、市販の培養土でいいですか？

A 市販の培養土には元肥、堆肥が入っているため、そのまま使用して構いません。また、葉物、実物で培養土を換える必要はありません。

Q 野菜によって、培養土を酸性土にする必要がありますか？

A 野菜は酸性土でも育つ、といわれるほどですので必要ありません。ただし、ブルーベリーは酸性土を好むため、専用の培養土を用意します。

Q プランター栽培の場合も、ph 調整用の石灰は必要ですか？

A 自家製培養土を作る場合は必要ですが、市販の培養土であれば、すでに ph 調整されているため、必要ありません。

Q 種を購入する際の注意点を教えてください。

A 例えば、ニンジンでも春蒔きと夏蒔きがあります。種袋の裏を見て、その品種の特徴と栽培時期をよく確認し、自分が栽培しようとしている季節が、妥当かどうかを確かめることが必要です。

生育法について

管理法ひとつで、収穫量も味も大いに変化する。

Q 種から育てるか、苗を購入するか、どちらが良いのでしょうか？

A 必ず種から育てる野菜というものがあります。大根、ニンジン、カブなど、根がまっすぐ伸びるものがそれにあたります。種を蒔いてから 30 ～ 40 日で収穫できる、ほうれん草、小松菜、春菊、水菜なども種から育てましょう。

一方、種から苗になるまで２ヶ月間かかる、ナス、トマト、ピーマンなどは、苗を購入して育てるのがおすすめ。また、キュウリ、ミニカボチャ、キャベツ、レタスなどは種から苗になるまで１ヶ月間かかるため、苗から育てると、１ヶ月ほど早く収穫できます。苗を使うメリットは、収穫までの期間が短縮されるということ。また、苗作りは必ずしも成功するとは限りませんので、経験豊かな農家が作った、丈夫な苗を使ったほうが、確実に収穫が望めます。

Q 種蒔きの仕方を教えてください。

A 種の蒔き方には、３種類があります。●すじ蒔き：割り箸や指で、深さ１cm 程度の溝を作り、１～２cm 間隔になるように種を蒔く。●点まき：小皿やペットボトルのキャップなどで、30cm 間隔で深さ１cm 程度の穴を作り、そこに種が重ならないように数粒ずつ蒔く方法。すじ蒔きより、種の量を節約することができます。●ばら蒔き：単位面積あたりの収穫量は多いが、あとの管理が大変ですので、私のおすすめは、すじ蒔きか、点蒔きです。

Q 肥料のやり方を教えてください。

A ２週間に一度、容量１L に対し、化成肥料を１g の割合で土表面に施します。10L の鉢なら 10g、20L なら 20g になります。または１週間に１度、500 倍に薄めた液体肥料を水替わりに与えます。

Q ベランダでマルチングは必要ですか？

A 基本的に必要ありませんが、土の跳ね返りを気にするなら藁やウッドチップを敷きましょう。

Q 良い苗を選ぶ目利き法は？

A 苗選びによって、その年の収穫の半分が決まるため、良い苗を選ぶことは非常に重要です。トマト、ナス、ピーマンなどは、少し花が咲いているくらいの大きめのもの、キュウリは、葉っぱが３～４枚の若い苗。レタス、キャベツは本葉４～５枚の若い苗を選びます。共通して言えることは、葉と葉の間隔が小さく、ずんぐりとした苗が良いということ。また、下の葉っぱが黄色くなっていない、全体の葉が青々としている、虫や病気の被害がない、双葉が残っている（しっかりした管理のもとで育てられたことの目安になる）、ポットの下から白い根が出ている。

以上のような苗を選ぶと良いでしょう。

Q つぎ木苗とは、何ですか？

A 病気に強い、同じ科の別の種類のものや、野生の品種においしい品種を接いで、病気や虫の被害を減らし、収穫量を増やすように工夫された苗のことをいいます。ナス科、マメ科、ウリ科、同じ場所で同じ科の野菜を作り続けると、連作障害といって、病気にかかりやすくなり、虫の被害も受けやすくなります。それを防ぐために接ぎ木が行われます。例えば、カボチャの苗にキュウリを接ぎ木した苗を使うと、病気になりにくくなります。接ぎ木苗は少々高価ですが、根が強いものに収穫の対象になる野菜を継いでいるため、収穫期間が長くなり、収穫量も多くなるという利点があります。

Q ランナーとはどんなものですか？

A いちごの親株から出てくる子株のことです。ひとつの苗から 30 ～ 50 個形成されます。ランナーを根付かせると、株分けができます。培養土を入れたポットにランナー部分を置き、石などで固定し、水をたっぷり与えます。根付いたら、ランナーを２～３cm 残して切ると、翌年用の苗として使うことができます。

Q わき芽取りの上手なやり方をあ教えてください。

A トマトは葉と茎の間に出るわき芽をすべて取り、一本仕立てで育てます。わき芽を取る際はきれいに洗った手で取りましょう。汚れたハサミを使うと、そこから病気が入ってしまいます。また、晴れた日に行うのが良いでしょう。切った部分の傷口が早く乾き、病気を防げます。

Q なぜ、ミニトマトやナスのわき芽を摘み取るのでしょうか？　摘み取らないと、どうなりますか？

A ミニトマトの場合、わき芽があると、本来実に行くはずの養分がわき芽に行ってしまいます。株自体がジャングルのようになってしまい、日当たりが悪くなり、育ちが悪くなってしまいます。ナスの場合は、地面から 30cm くらいの脇芽をすべて取りますが、これは風通しを良くして、病気にかからないようにする目的があります。

Q 芽かきとはなんでしょうか？

A 間引きと同義語で、ジャガイモ栽培に使う言葉です。種イモを植えると芽が５～６本出ますが、すべて育てるとイモが小さくなるため、間引いて大きく育てます。植え付けから約６週間経ち、草丈が 15cm 程度になったら、元気な芽を２本残し、ほかは根元から鋏で切り取ります。

Q 土寄せの方法を教えてください。

A 例えば、ジャガイモの場合、土の表面にイモが出てしまうと緑に変色し、ソラニンという物質が出て食べられなくなってしまいます。根元に土を寄せておけば、ジャガイモも白いまま育てることができます。具体的には、芽かきをして肥料をまいた時点で、株元ぎりぎりのところまで土を寄せます。

Q 間引きの方法を教えてください。

A 野菜の種類によって、それぞれ適した株間があります。間引きは生育の弱い苗、虫に食われた苗を抜き取り、株間を開けることをいいます。カブの場合、双葉が開いたところで３cm 間隔、本葉が２～３枚になったら６cm、５～６枚になったら 12cm 間隔になるように間引きます。株間が適切であると、株がよく太ります。

Q 連作障害が起こりやすい野菜がありますが、同じベランダで連作しても大丈夫ですか？

A ベランダの場合は、同じプランターの土で連作するのはいけませんが、土を換えるか、土を消毒することで可能になります。

Q プランターでのトンネル栽培は、どうすればよいでしょうか？

A 畑と同様に、トンネル状になるよう支柱を立て、ビニールをかければ良いでしょう。あるいは寒冷紗でも構いません。プランター用支柱、トンネル用のビニール、寒冷紗も市販されています。

Q 秋冬野菜で、トンネルが不要な野菜というものはありますか？

A ほうれん草や小松菜は必要ありません。寒さに当たった方が、葉が厚く、おいしくなります。

Q 一度使用した土はリサイクルできますか？

A できます。土をふるいにかけてゴミや根を除き、チッ素分を含む米ぬかや油かすなどの有機肥料を土の重量の５～10％を加え混ぜ、ビニール袋に入れて水を加えます。日向に置き、１ヶ月ほど経つと有機肥料が発酵し、土が殺菌されます。ふるいにかけ、同量の新しい土を混ぜます。

Q ベランダで野菜を育てる際、かかりやすい病気はありますか？

A 基本的にベランダでも畑でも、かかる病気は共通でもっとも多いのはうどんこ病です。カビによって起こる病気なので、日当たりと風通しを良くして、病気の感染を防ぐことが大切です。

Q 病気に感染した場合は、どう対処したらいいのでしょうか？

A 天然成分、食品成分由来の農薬があります。例えば、炭酸水素ナトリウム（重曹）を使った農薬は、うどんこ病に効きます。そうした安心安全な農薬を使用して対処していきましょう。

Q ベランダの日当たりが悪いのが悩みです。日照条件が多少悪くても育つ野菜やハーブはありますか？

A 野菜の栽培は、日当たりが良いことが前提条件ですが、建物の立地環境によっては、必ずしも日当たりが良いとは限りません。日当たりが１日中悪い場所では、ミョウガ、三つ葉、セリなどが作れます。半日くらい日が当たる環境であれば、春菊、小松菜、ほうれん草、ショウガなどがおすすめです。ある程度、温度が保証されているのであれば、小松菜、ほうれん草などが周年栽培できます。

Q ゴーヤのように、グリーンカーテンに使える野菜はありますか？

A ヘチマ、キュウリ、シカクマメなど、ウリ科や豆科のつる性植物が良いでしょう。

Q ミニトマトの皮が硬くなってしまいました。やわらかく育てるにはどうしたらいいのでしょう？

A 本来、ミニトマトは皮が硬くて、完熟まで実らせておけることが特徴です。ただ、水や肥料切れでストレスがあると皮が硬くなるので、甘くおいしくするには、水や肥料を切らさずにしっかり育てましょう。また、オレンジパルチェなど、皮がやわらかいミニトマトもありますので、園芸店で紹介してもらうと良いでしょう。

Q 野菜の味が良くなる秘訣はありますか？

A ジャガイモは有機肥料を中心に与えると味が良くなるといわれています。一方、小松菜やほうれん草は、化成肥料と堆肥の両方を使って、育ちを早めにすると、やわらかくおいしいも

のができます。また、トマトは生育の後半で土を乾き気味にすると、甘くておいしくなります。

Q 野菜にはどんな害虫がつきますか？　害虫がつきにくい野菜は？

A アブラムシ、青虫、コナガ、ヨトウムシなどですね。私の経験上、害虫が付きにくい野菜は、チコリです。ゴーヤもあまり害虫が付きません。害虫が付きにくくなる工夫というのはありませんが、風通しを良くして、害虫の発生を減らすこと。そして発生初期に潰すなどして、こまめに取ることが大切です。

Q 野菜の側に、チャイブなどのハーブを植えると、虫除けになると聞きました。効果はありますか？

A いわゆるコンパニオンプランツなどと呼ばれるものですが、その効果は必ずしも一定ではありません。虫除けでは、ネコブセンチュウにはマリーゴールドが効果的。害虫ではありませんが、ウリ科の側にネギの仲間を植えると、ツル割れ病を防ぐ効果があります。

Q 海外野菜や伝統野菜など、珍しい野菜を育ててみたいです。

A 海外野菜や伝統野菜は、病気や害虫に強い性質が必ずしもあるとは限らず、生育の揃いも一定ではなく、栽培は難しいといわれます。しかし、今はさまざまな海外野菜の種や苗を入手できます。それほど簡単ではありませんが、チャレンジしてみるといいですね。

また、子供の頃に故郷で食べた野菜の種や苗を手に入れれば、自分で作ることができるのも、家庭菜園の醍醐味のひとつです。例えば、京都の万願寺唐辛子、金沢のキンジソウなどは、比較的簡単に栽培できます。店によって沖縄野菜、金沢野菜、京野菜といった苗のコーナーがあるので、それを参考にしたらいかがでしょうか。

Q ほうれん草の葉っぱが黄色くなって枯れてきてしまいました。何が原因なのでしょうか？

A おそらくベト病ではないかと思います。ほうれん草の仲間を連作すると発病します。ベト病は、カビによって起こる病気で、ベト病抵抗性のレース1からレース7という品種がありますから、そういったものを選ぶとよいでしょう。土が酸性の場合、芽が出なかったり、葉っぱが黄色くなったりします。栽培前に土にたっぷり石灰を施しておきましょう。また、温度が25度以上になると、枯れてくる場合が多いので、春か秋に栽培しましょう。

Q ベビーリーフは上手に収穫すれば、ずっと収穫し続けられますか？

A 大きくなる前、草丈15cm程度の小さな葉を食べるベビーリーフは、栽培が簡単で人気です。収穫は一気に抜くのではなく、葉を切りながらのため、少なくとも３～４回は収穫できます。しかし、寒くなったら収穫できなくなりますし、花が咲いたら終わりです。必要な分だけ収穫したら追肥をし、再生を促すことが大切です。

Q ベランダ栽培で、霜当たりを防ぐにはどうしたら良いですか？

A 暑さに強い野菜は、主に熱帯原産、寒さに強い野菜は温帯原産が多いですね。トマト、ナス、ピーマンなどの熱帯原産は、遅霜の恐れがなくなってから植え付けます。一方、温帯原産であるほうれん草、小松菜、レタスは秋から冬に作ります。野菜の性質というものを、知識としてしっかりと覚えておくことが重要です。

手をかけたぶんだけうれしくておいしいベランダ野菜

「自分で育てた安全・安心・新鮮な野菜を味わうひとときは格別！」と話すのは、野菜の伝道師こと、藤田智さん。ベランダ空間でも、さまざまな野菜が作れます。まずはミニトマトや小松菜作りに挑戦してみませんか？　作る喜び、収穫する喜び、食べる喜び。花育てとはひと味違う感動が味わえます。

監修
藤田 智さん
Satoshi Fujita

恵泉女学園大学人間社会学部教授。岩手大学大学院修了。大学で教鞭をとるほか、講演会、テレビ、ラジオ番組などでの園芸学や野菜作りの指導、雑誌、書籍の執筆など、幅広く活躍している。NHK 教育テレビ「趣味の園芸やさいの時間」での、分かりやすい解説が人気。

ガーデンスタイリスト・松田行弘さんのベランダでおしゃれな野菜栽培

後篇

野菜だって、おしゃれに育てられる！

たとえ小さなベランダであっても、
おいしい野菜を作ることは可能です。
実用的でおしゃれなベジタブルガーデンで
より面白みのある栽培を楽しむことができます。

野菜とコンテナ合わせのコツ

麻袋から木箱まで。野菜の性質に合わせてチョイスして。

スタンダード鉢

ワケギ

半日陰でも育つが、夏は葉が枯れ休眠してしまう。そのため、掘り起こして土を交換し、植え直すと良い。

ミックスレタス

レタスやサニーレタスの混種で葉が小さいうちから収穫する。株数を多くし、少量づつ収穫するのがコツ。

ローズマリー 匍匐性

非常に強健で土質も選ばない。軒下や日陰では、ハダニが出ることもあり、見つけた場合は早めに切り戻す。

ローズマリー 木立性

地中海沿岸原産のため、乾燥気味にして生育。性質は匍匐性に準じる。香りが強く、肉や魚料理に用いる。

ペイント鉢

タイム

蒸れに弱いが、鉢であれば、こんもりと茂って虫も付かない。比較的管理が容易で、魚料理に使用可能。

ミント

品種は多数あるが、どれも地下茎で伸びるため、鉢植えでは単植に。ハーブティーやサラダにも使える。

アイアンラック

いちご

水捌けと保水力のある土に植え、乾燥させずに程度な水やりを行う。追肥は、置くタイプの物を２月頃に。

木箱

チンゲンサイ

元肥をしっかり行うことで、追肥はそれほど必要なく、生長も早く、作り易い。春から秋は､蛾の幼虫に注意。

麻袋

ムラサキキャベツ

レッドキャベツとも呼ばれ、栽培方法は、一般のグリーンキャベツと同様。紫色はアントシアニン色素。

キャベツ

秋植えの方が病害虫も少なく、結球しやすい。追肥は結球直前に行う。良い苗を選ぶのがポイントでもある。

鉄バケツ

コマツナ

発芽率も高く、生長が早いが虫が付きやすく、見見つけ次第補殺する。日向が望ましいが、日陰でも育つ。

ルッコラ

半日陰の方が比較的葉が大きく、やわらかく育ち、花も食べられる。種蒔きから1ヶ月で収穫できる。

ニンジン

生長を良くするため、間引き後に土寄せする。間引いた葉も食せ、ベランダではミニニンジンがおすすめ。

ミズナ

半日陰でも生育が良く、多めに生育し、間引きしたものを収穫しつつ、株を大きくしていくと良い。

ダイコン

元肥にカリ分の多いものを使用し、鉢は深さ30センチ以上の物を選ぶのがポイント。ミニダイコンもあり。

レモン

水はけが良く、保水力のある土に植えて冬場は寒風に当てない。夏枝や秋枝に付く花や実は早めに取り除く。

雑貨と施工のコツ

野菜のために、できる限りしっかりと日当たりを確保することが大切！

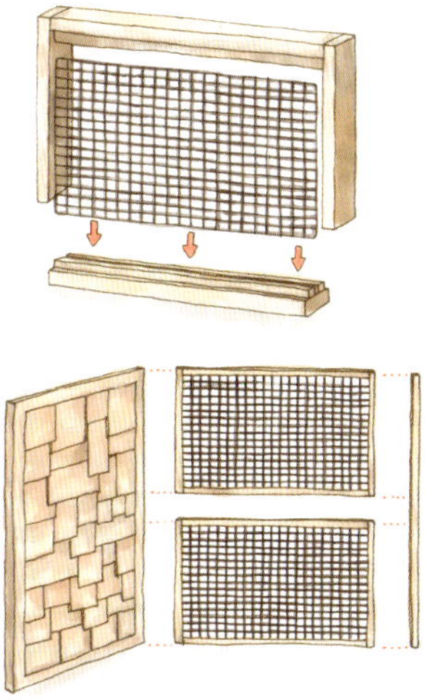

壁のパネルは、耐久性のあるレッドシダーの屋根材でよろい張り仕上げ。床はサイプレスという丈夫な材料を使い、オイルステインを塗っている。柵は、つる性植物を絡ませるために、建築用ワイヤーを設置。ワイヤーの四方を囲った木枠は、3本の角材を組み合わせてコの字型の溝を作り、そこにワイヤーを挟み込んでいる。

実用性と見た目の良さを兼ね備えた空間作りとコンテナ選び

野菜の生育には、十分な日当たりが不可欠。ベランダの柵を塞がずに、おしゃれな雰囲気を出す必要があります。そこで、ぜひ取り入れたいのが、格子状に組まれた建築用ワイヤーメッシュです。柵に設置し、日当たりを確保しながら、スタイリッシュな空間を作ることを可能にします。夏はゴーヤを絡ませるなどすると、グリーンカーテンにもなり、すてきですね。

野菜栽培をおしゃれに実践するには、背景作りも大切ですが、鉢の選び方も大事です。キャベツ類は、プラスチック鉢で育てていますが、コーヒーの麻袋をカバーにすることで、ぐっとおしゃれな雰囲気になります。使用する土の量が多い場合、素焼き鉢では重量が重くなってしまうので、この方法がおすすめです。

悪環境・悪条件を乗り越える！ベランダガーデンのコツ

狭い、暗い、向きが悪い……
どこのベランダにも短所はあるものです。
しかし、工夫次第で短所は長所に変えることができます。
悪条件を克服する、アイディアを一挙にご紹介します。

CASE1 悪条件

とても狭いベランダなのですが……

壁、床、柵、すべての面を利用する

柵、壁面を利用して、床、すべての面をフルで活用すると、植物の置き場を作ることができます。例えば、ハンギングバスケットを吊るしたり、塀にラティスなどを取り付けて鉢を掛ける。また、ベランダサイズに合わせ、小さな鉢で楽しんだり、逆に厳選した大きな植物でシンプルに飾るのもいいでしょう。

CASE2 悪条件

狭さをカバーする秘訣はありますか？

高低差を作って、空間も利用する

ラックや椅子、ウッドボックスなど、高さのある小道具を取り入れると、ベランダに空間的な広がりができ、植物を置く場所も増やすことができます。コンクリート製の塀の場合、高さを出すことで、日差しを確保できることもあります。これによって、ディスプレイする楽しさも味わえるはずです。

ワインボックスやポテトボックス、脚立など、さまざまなもので高低差をつけ、鉢の置き場を確保している。

CASE3 悪条件

素焼きの鉢だと、重量が心配です対策はありますか？

軽量なプラスチック鉢を加工

プラスチック鉢は軽いけれど、風合いが嫌い、という方は多いでしょう。しかし、最近はテラコッタに見えるプラスチック製鉢があり、色も形もバラエティ豊かです。プラスチック鉢に密着スプレーを施して好きな色にペイントしてみるのも良いでしょう。また、鉢の縁を隠すように下垂性の植物を植えてみると、意外に鉢の存在感を消すことができます。

CASE 4 悪条件 奥行きがないベランダで、できるでしょうか。

部屋とベランダを一つの空間に見せる

ベランダの奥行きそのものを変えることはできませんが、奥行きがあるようにみせる工夫をしましょう。レンガや材木などを使って、部屋とベランダに段差をなくし、部屋の床と違和感のない床板を敷くと、部屋との一体感が出て、部屋もベランダもゆったりしているように感じられます。

CASE 5 悪条件

上層階で風が強いのですが大丈夫でしょうか？

重心を低くして転倒を避ける

鉢の重心が高くなると倒れやすくなりますので、なるべく重心の低いものを育てる、または重い土を使うというのも手です。しかし、重い土は水はけが悪いので、通常よりも水やりの間隔を長くしましょう。また、素焼き鉢は倒れて割れてしまうことがあるので、プラスチック鉢の方が安全です。（プロトリーフ／金子明人さん）

CASE 6 悪条件

夏の日差しが強く当たってしまいます

遮光と床面の温度を上げない工夫を

よしずやすだれを使って光をコントロールしましょう。照り返しも植物を弱らせるので、床に人工芝やウッドパネルを敷く、ポットフィートを使って鉢を高くするなどの対処をしましょう。壁面にラティスや塀をつけて遮光する方法もあります。（プロトリーフ／金子明人さん）

ラティスや塀は、遮光とともに、外からの視線を遮る目隠しの役目も果たしてくれる。

CASE7 悪環境 北向きのベランダです、ガーデニングは無理でしょうか

ギボウシ

ヒューケラ

コリウス

数時間でも日当たりがあるなら大丈夫

北向きだからといって落胆することはありません。ほんの数時間でも日が当たるようなら、だいたいの植物は育てられます。生育してみてダメな場合は、また別の植物を育ててみてください。怖がらずにいろいろ挑戦してみましょう！（プロトリーフ／金子明人さん）。また、左の写真のような、耐陰性のある植物を選ぶのも良いでしょう。

オリヅルラン

シダ

カレックス

玉竜

ヘデラ

CASE8 悪環境

西向きのベランダです。西日が当たって植物は大丈夫ですか？

環境に適応できる植物を育てていく

西日は植物にとって良くないと言われますが、西日しか当たらないベランダでガーデニングを楽しんでいる人もたくさんいます。また、植物には適応性があります。もし、育ててみてダメな場合は、その植物が環境に合わなかったということです。適応できる植物はあるので、まずは好きな植物を育ててみましょう。

CASE9 悪環境

太い配管を隠すアイディアはありますか？

布を巻き付けてナチュラルに見せる

エアコンの室外機の配管や排水管は、どこのベランダにも必ずあります。一番気軽で簡単なテクニックとしては、麻布などで配管をぐるぐると巻き付けてしまうこと。DIY派なら、木の板をコの字に組み、配管ごと隠してしまうのも手です。

麻布をくるくると巻き付けて、パイプを隠す。木の板をくくりつけているところもある。

CASE10 悪環境

外から丸見えで恥ずかしいです

柵を取り付けるのが一番有効

高層階なら良いですが、低層階では外からの視線も気になるところ。ラティスや板などを使って、目隠しするのが手っ取り早い方法です。手作りの塀を作るときは、板にすき間を開けたり、段差をつけるなどして、完全に壁として塞がないように。視線を遮りつつ、日光はしっかり取り込みましょう。

CASE11 悪環境

避難ハッチで滑ったり……

すぐに取り外せる麻袋が人気

マンションのベランダには、必ずといっていいほど緊急時避難ハッチがありますが、緊急時のため、完全に塞ぐことはできません。麻袋で隠したり、簡単に取り外しできる、パネルを載せたりして隠すと、床の演出にもなります。

麻袋で隠すテクニックは一番手軽。ナチュラルな雰囲気も演出できる。

CASE12 悪環境

園芸用品を収納する棚を、置く場所がありません。

空間を合理的に利用する

ベランダで棚を置くスペースを確保するのは大変なこと。塀に取り付けたすのこや壁面にフックを付けて園芸用品を収納したり、鉢置き台を収納棚として兼用したり、空間を合理的に利用しましょう。園芸用品を入れた麻袋を、あえてディスプレイに利用してもいいですね。

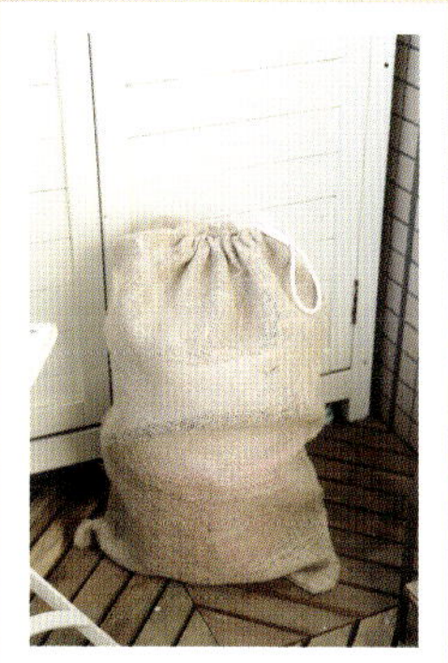

２段組の棚にすだれをかけて、植物を置く。すだれの中には園芸用品が入っている。

CASE13 悪条件 床の工夫のバリエーションを教えてください。

床材によって、より奥行き感が増す

ベランダの床をアレンジすることでリビングとの延長のように見え、奥行きを感じられるようになります。床材に使用したいのは、動かしやすく、汚れにくく、できるだけ軽いタイプのもの。石や素焼き、樹脂、木、とさまざまなアイテムをアレンジして作り出せます。異素材を組み合わせるなど、十分に楽しめます。

砂利 部分敷きなどして、庭のニュアンスを容易に変えてくれる。砂利の種類はとても豊富で、ヨーロッパ産の砂利もあり、選択肢が幅広い。

すのこ ペイントしたり、そのまま使用したり、もっとも簡単に庭の印象を変えてくれる。鉢の通気には最適だが、かかる荷重に注意。

レンガ ヨーロッパの石畳を彷彿とさせるレンガは、もっともポピュラーな床材。種類も多く、ベランダには軽量化されたタイプがおすすめ。

レンガと木板 ウッドデッキにレンガを部分使いするのは、床を単一に見せず、わざと崩した作り込みで自然さを演出するなど、自在に工夫できる。

ウッドデッキ しっかりとした安定感と朽ちていく風合いがナチュラルで定番。床の土台はしっかりさせておきたいと施工を依頼する人も多い。

ウッドパネル ホームセンターなどで安易に入手でき、雰囲気を作りやすい。色や大きさ、目の入り方など、庭のスタイルに合わせてセレクト。

タイル 碁盤の目のようにきっちり組むか、ランダムに配置するか、使い方によって雰囲気が大きく変化。庭にやさしさを与えてくれる。

バークチップ 森の小道のような味わいをベランダでも作れる、うってつけの小道具。マルチングとしても使用できる。タイルと組み合わせても。

枕木＆廃材 ジャンクやラスティックといわれるテイストの演出に便利なアイテム。ペイントなどで、より風合いを出して楽しむことができる。

苔 自然さをアピールしたいときに、一時を苔で楽しむのもおもしろい。敷き方に注意が必要だが、管理次第では、1ヶ月近く維持可能。

あえて何もしない もともとの床を活かし、個性的な植物や雑貨、園芸資材で空間をコーディネートすることでも、すてきな庭を作ることは可能。

CASE14 悪条件　壁面を隠したいと構想しています

人工的な素材は ナチュラルな素材で隠す

コンクリートの壁は、より自然な雰囲気を求めるガーデナーにとっては、いやな存在です。塀を利用してすのこを固定させたり、ナチュラルなポスターを貼ってみたり、板壁を使って壁ごと隠したり。中には建築用ワイヤーメッシュを取り付けた庭も。つる性植物を這わせれば、植物の葉で壁が隠せます。

ポスターで壁や配管を隠すのは、お手軽なテクニック。

CASE15 悪条件　避難経路があるため、景観が悪くなってしまうのですが

お手軽な手作りカーテンで隠す

床の避難ハッチ同様、避難経路は塞ぐことはできません。しかし、避難ハッチ以上に存在感があるのも事実。もっとも簡単で効果があるのは、布のカーテンで隠してしまうことです。ホームセンターなどで販売されているつっぱり棒を使えば、簡単にナチュラルな目隠しが作れます。

壁につっぱり棒を渡し、布をかけて隠す。アンティークのコート掛けで隠すお宅も。

CASE16 悪条件

エアコンの室外機が気になります

エアコンカバーをつけて、ディスプレイ棚に

ホームセンターなどで、既製のエアコンカバーが入手できます。ベランダの雰囲気に合わせ、ペイントして使うと良いですね。中には、自作のエアコンカバーも。自作する場合は、風の吹き出し口を塞がないように注意。

それぞれのベランダに合わせ、ペイントして仕上げている。

ごく薄型のレンガを外壁に付けて、古びた雰囲気を作った。

CASE17 悪条件

壁面を活用してしまうテクニックなどありますか？

味気ない壁面をすてきに演出

持ち家の一軒家であれば、壁面にレンガを付けてみたり、棚を固定してみたり、さまざまに楽しめます。マンションのベランダでは、壁の手前に網をつけ、つる性植物を誘引している庭もあります。

オフィスのテラスで、ワイルドに仕上げる ザ・ロックガーデン

仕事をする場所だからこそ、植物の力を感じたい。
このガーデンの主役は、植物を愛でる人間ではなく、貪欲なまでに生きようとする植物たち。
植物たちのエネルギーが感じられる、ワイルドで生命感に溢れたガーデンです。

箭内道彦さんが代表を務める「風とバラッド」。ビル最上階にあるオフィスに、このテラスガーデンはある。ここからの眺望は抜群で、力強く葉を広げる植物たちが、周囲の住宅やビルを見下ろしているかのよう。

人類の痕跡を覆い尽くすように
逞しく生きる植物たち

「箭内さんは『この庭を見ていると、絵が描きたくなる』と言いました。受験のため、デッサンの勉強をしていた頃、鉄やガラス、植物、骨などを頻繁に描いていたそうです。その頃のような新鮮な気持ちを呼び覚ましたと聞き、うれしく思いました」

ガーデンスタイリスト・木咲さんが、クリエイティブディレクター・箭内道彦さんの依頼で、テラスをコーディネートしたのは３年前。テーマは“アンチガーデニング・ガーデン”でした。
「植物は人を癒す存在だと人は勝手に思っているけれど、人類が滅びても植物は生き残った。世界を征服したつもりの人類より、植物の方が強かった……。そんなことを表現した庭です」

錆びた氷バサミや鉄のオブジェは、そこに生息していた人類を象徴。周辺に根を張る植物たちは旺盛な生命力をもって、その痕跡を覆い尽くそうとしています。アガベの根元に転がる骨のディスプレイにもドキリとさせられますが、
「大地に動物の骨が転がる光景は、本来の自然環境なら当たり前のことですよね」
と、木咲さん。人類や動物が消え去った乾いた地で、したたかに、強く、貪欲に生きようとする植物たち。その堂々とした姿は逞しくもあり、美しくもあるのです。

ひたむきに生きる植物たちの
その根元に、ひっそりと残された
人類の面影を探して

左上：ベネズエラ・アガベの手前は、葉にランダムな斑が入るアメリカイワナンテン。寒さに当たると、葉にボルドー色が入る。右上：氷バサミの周辺に生えているのはイソギク。植物たちがこの場に合ったペースで生長できるよう、肥料はあえて控えめにしている。左下：メキシコや南米原産の植物が多い中、あえて和テイストのツワブキやヤブランを加え、ミスマッチな組み合わせを楽しむ。右下：ソテツは3年の間に急成長。まるで、このテラスの主のような、貫禄のある姿に。

鉄バサミ

巨大なハサミは昔、氷屋さんで使われていたもの。錆び具合が美しい。

骨

一瞬ドキリとする、本物の動物の骨。ここで死を迎え、自然に朽ちたように見える。

ガラスのオブジェ

鉄に吊り下げた小さなガラスは、「かつてここに人の文明があった」ことを表現。

鉄のアート

荒々しいフォルムと錆びた風合いが印象的なオブジェは、木咲さんが作家に依頼して作ってもらったもの。

強健な常緑植物の中に四季の花々を仕込んで

木咲さんがこの庭のために選んだのは、常緑性の植物が中心。さらに宿根草を加え、季節感を演出しています。屋根がなく、雨ざらしの環境ですが、この3年で絶えた植物はありません。植物は本来、その場の環境に適応しようとする力を持っているのだそうです。

春は新芽が一斉に顔を出し、夏はヤマホロシや真っ赤なモミジアオイが花開き、秋から冬はイソギクの素朴な黄色い花が咲き揃います。

「箭内さんは、一見ハードなイメージですが、本当はかわいい花も好きかもしれない、と僕は感じました。そのかわいらしさを、和の花で表現できないかと考え、加えたのが、夏に花を咲かせるホタルブクロです。乾燥地帯原産のアガベやソテツと繊細な和の花とは、かなりアンバランスですが、夏のほんの一時だけ見ることができる、ミスマッチな世界も楽しいと思います」

生と死、ワイルドさと繊細さ、この庭はひとつの空間に、対極的な世界を併せ持っています。

ワイルドに仕上げるための小道具

砂利

全体をドライなイメージにするために、土の上に白い石を敷き詰めた。

流木

流木を置き、平面的になりがちな地面に変化をつける。ずっと昔からここにあったかのような趣がある。

ワイルドに仕上げるための植物

厳しい環境で生き抜く、植物たちの世界を表現。

ユッカ・ロストラタ

太い幹と細く鋭い葉が特徴。この株は小さいが1.8〜2.3mに育つ。

ベネズエラ・アガベ

直径70〜150cm、高さ50〜80cmの大型種。斑入り葉が美しい。

ディオーン

プラスチックのような硬い葉を持つ、ザミア科の常緑。性質は強健。

コルジリネ

赤い葉と独特のフォルムが目を引く人気の植物。ここでは2本使用。

アガベ・怒雷神錦

株の直径20〜25cm、アガベの中ではコンパクトな種類。

アオノリュウゼツラン

青白い葉は、厚くて非常に硬い。生長速度は非常に緩やか。

ヤブラン

秋に小さな白い花を咲かせ、1〜2月に青く美しい実を付ける。

ソテツ

九州南部から沖縄に自生する裸子植物。鬱蒼と茂る葉は迫力がある。

ワイルドさに彩りを加えるコーディネート

季節の移り変わりを感じさせる、表情豊かな植物たち。

ゴシキヅタ

寒さで葉は真っ赤に紅葉。黒い石積みとのコントラストが見事。

イソギク

伊豆など温暖地方の海岸近くに自生。ここでは数少ない花のひとつ。

ナンテン

古くから庭木として知られる低木。荒々しい中で繊細に映る。

ツワブキ

日本原産、半日陰の環境で良く育つため、庭園の下草としても使用。

キヅタ

落葉性で蔦を絡ませると、夏には石積みを覆うほど、葉が茂る。

ヤマホロシ

つる性の常緑植物。夏にナスのような紫色の花を咲かせる。

ガーデンスタイリスト
木咲豊さん

東京・五反田にある「草／花　明るい部屋」の店主。花束やアレンジ、室礼など、身近な花のデザインから、造園やランドスケープデザインまで、植物を用いたあらゆる楽しみ方の探究を目指している。

使用した植物：ニューサイランパープレア、レックスベゴニア・インカファイヤー、ミカニア・デンタータ

エイジング・ペイントで植木鉢センスアップ

何の変哲もないテラコッタ鉢や木箱が
あっという間にアンティーク調に！
エイジング・ペイントのテクニックを
「THE OLD TOWN」の伊波英吉さんに教わります。

ペイント初級

シンプルな素焼き鉢に塗って拭くだけ

材料

- 植木鉢
- ミルクペイント（黒、アイボリー）
- 刷毛
- ワックス

作り方

1.

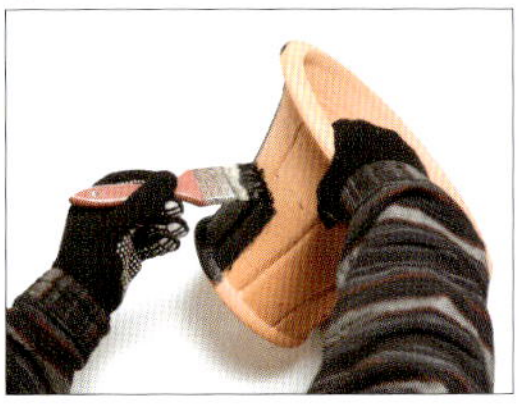

ベースの色を塗る

黒のペンキで鉢全体を塗り、ペンキを完全に乾かす。

2.

アイボリーのペンキを塗る

アイボリーのペンキと水を用意。水でペンキを薄めながら、全体を塗る。

3.

ペンキを拭き取る

2が乾ききらないうちに、ウエスで軽く叩きながら、ペンキを拭き取る。

4.

拭き終えた状態

好きな色合いになったら、完全に乾かす。溝に色が残る程度で良い。

5.

ワックスを塗り込む

ウエスにワックスを付け、鉢の表面に塗り込んでいく。

完成！！

アイボリーのペンキの効果で黒のペンキがマイルドな色合いに。

使用した植物：チェイランサス・プルプレア、ドゥルクニウム・ヒルスプム、カレンジュラ・コーヒークリーム、銅葉ほうれん草（ルビーリーフ）、オキザリス・カッパートーン

ペイント中級

模様のある素焼き鉢を重ね塗りして仕上げる

材料

- 植木鉢
- 水　適量
- 水性ペンキ（ベージュ、黒）
- 刷毛
- ワックス
- A／生石灰20g、水20ml、黒の水性ペンキは、水や石灰の約1/10～1/5量（使用する色や好みによって増減させる）

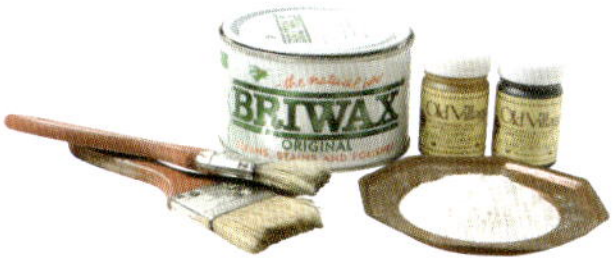

作り方

1.

ベースの色を塗る

ベージュのペンキで鉢全体を塗り、ペンキを完全に乾かす。

2.

水で薄めた黒いペンキを塗る

黒のペンキを刷毛に付け、水で薄めて色を調整しながら、鉢全体を塗る。

3.

ペンキを拭き取る

2のペンキが乾ききらないうちに、ウエスで手早く拭き取る。

4.

ペンキ、石灰、水を混ぜて鉢を塗る

Aの材料を混ぜ、多少水っぽくなるよう濃度を調整し、厚めに鉢を塗る。

5.

水を含ませたウエスでペンキを拭き取る

ベージュを多く出したいなら半乾きで、黒を多く出すなら、乾いてから拭き取る。

6.

ワックスを塗り込む

5が完全に乾いたら、ウエスにワックスを付け、鉢の表面に塗り込む。

完成！！

石灰を使うことで、厚みが出て、重厚なイメージに。凹凸のある鉢を使うと、表情が出やすい。

ペイント上級

デコラティブな鉢を
エイジング加工でペインティング

材料

- 鉢
- 水性ペンキ（アイボリー、黒）
- 刷毛
- 水　適量
- ワックス
- B……生石灰20g、水20ml、ベージュの水性ペンキは、水や石灰の約1/10量（使用する色や好みによって増減させる）

作り方

1.

ベースの色を塗る
赤のペンキで鉢全体を塗り、ペンキを完全に乾かす。

2.

水で薄めながら黒のペンキを塗る
ペンキを刷毛に付け、水で薄めて色を調整しながら鉢全体を塗る。

3.

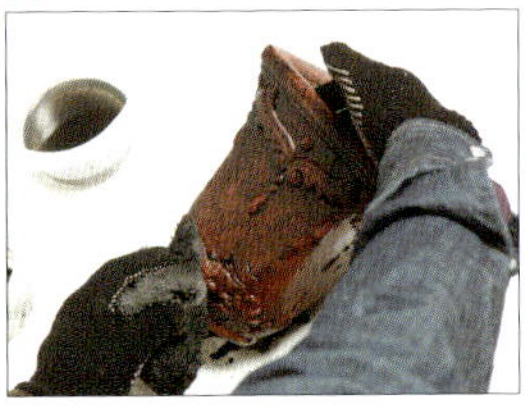

ペンキを拭き取る
2が乾ききる前に、ウエスで鉢を軽く叩きながら、手早く拭き取る。

4.

拭き終えた状態
ペンキを完全に乾かす。鮮やかな赤が黒を入れたことで落ち着きある色に。

5.

Bの材料を混ぜ、鉢に塗る
Bを混ぜて、多少水っぽくなるよう濃度を調整し、刷毛で鉢に塗る。

6.

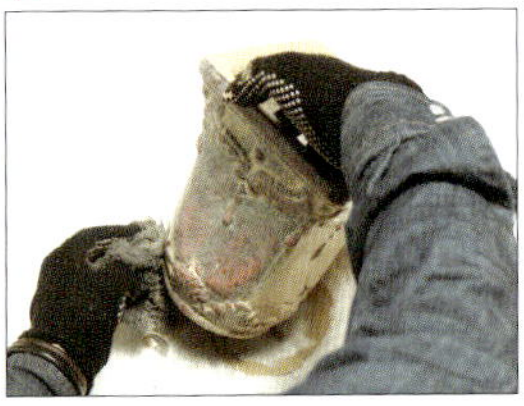

水を含ませたウエスでペンキを拭き取る
アイボリーが窪みだけに残るよう、塗り終わった瞬間に拭き始める。

7.

ワックスを塗り込む
ウエスにワックスをつけ、鉢の表面に塗り込んでいく。

完成!!

ホームセンターで販売されている生石灰は、大量すぎるため、食品の乾燥剤として使われている「石灰乾燥剤」を使うと良い。粒状になっている場合は、すり潰して粉状にしてから使用する。

亀裂が入ったり、凹凸した鉢を使うと、いい風合いが出る。

使用した植物：カランコエ・プミラ、フェスツカ・グラウカ。今回使用したのは、柄入りの鉢。石灰を使うと、柄の存在は消え凹凸感が強調される。少し派手かと思うような鉢でも、ベースのシルエットが良ければ、無視して大丈夫！

重ね塗りのテクニックで風合いたっぷりの鉢を作る

使い込まれたアンティークのような、風合いある植木鉢を作り出す、「THE OLD TOWN」の店主・伊波栄吉さん。オリジナル鉢を使った寄せ植えの販売や、家具の製作、空間デザインなどを行っています。どの作品にもエイジング加工が施されていますが、その加工はプロでなくとも素人にも可能だといいます。初心者におすすめなのは、黒ベースの鉢。これは色を選ばず、どんな植物でも合わせることができるそうです。

「今回は中級と上級の鉢に、石灰を使いました。石灰を入れることで、ざらつき感が出て、塗料に厚みが増し、ペンキだけの場合とは違う表情が楽しめます。石灰は伸びる性質があるので、ウエスで拭くと、ペンキだけの場合よりも、自然に色をぼかすことができるのです」

鉢が完成したら、それに合う植物を植えます。植える際は、鉢の上から下にだんだんと色のトーンを下げていくと自然に見えます。鉢植えは植物が主役です。鉢を暗めに仕上げることで、植物の存在が引き立ち、個性を活かせます。

では、実際にベランダに置く場合には、どんなことに気を付けたら良いのでしょうか？

「ベランダでは、形よりも鉢の大きさに気を付けます。メインの鉢色は暗めで大サイズのものを１、２個。たくさんの鉢数を揃えたくなりますが、鉢の数も色合いもなるべく抑える方がおすすめです。製作した赤い鉢は、とても強いイメージですから、この場合は、鉢のサイズを小さくし、ポイントとして使うといいでしょう」

たくさんの鉢を並べた華やかなベランダもいいですが、印象的な鉢だけを、ディスプレイするのもすてきかもしれません。

ペイント上級

ただの木箱を
エイジング加工で仕上げる

材料

- 木箱
- 液状のり
- きり
- ビス
- 刷毛
- ミルクペイント
  （赤、アイボリー、黒、オレンジ）
- カーボン紙
- 文字の原画
- 紙ヤスリ
- ワックス
- L字型留め具
- 密着スプレー
- 生石灰
  （p.129の材料Aと同じもの）

作り方

1.

ベースの色を塗る

赤のペンキでボックスの表面を塗り、ペンキを完全に乾かす。

2.

水と液状のりを混ぜ、箱の表面を塗る

水と液状のりを1：1で混ぜ、刷毛にたっぷり付けて塗る（1回塗り）。

3.

アイボリーのペンキを塗る

2が乾いたら、アイボリーのペンキを重ね塗りして乾かす。

4.

ペンキの水分でのりが浮いてくる

ペンキの水分で液状のりが動き、箱の表面にひび割れができてくる。

5.

濡れたウエスで表面を拭く

濡れたウエスで表面を拭き、ペンキの下の液状のりに水分を含ませる。

6.

きりで削る

きりで箱の表面を削り、好みの状態になるまでペンキを剥がす。

7.

ヤスリをかける

紙ヤスリをかけて、角の部分などを削ると、より自然な雰囲気になる。

8.

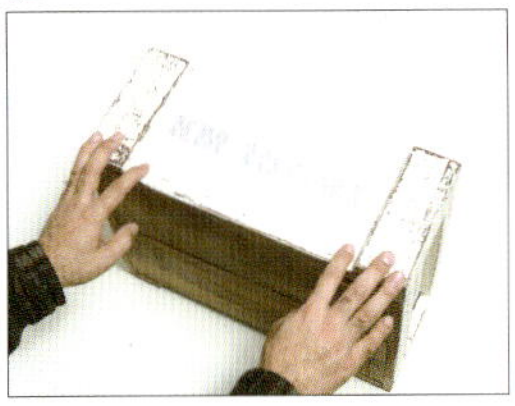

文字型を仮置きする

箱の表面に書く文字型の位置を決め、テープで仮留めする。

9.

文字を箱に転写する。

文字の原画の間にカーボン紙を入れ、ペンでなぞり、転写する。

10.

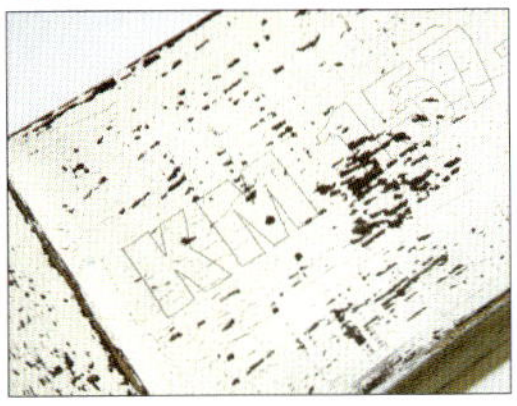

転写が終わったところ

11.

文字に色を塗っていく

転写した形に添って、黒いペンキで文字をペイントする。

12.

文字部分にやすりをかける

11が完全に乾いたら、文字部分にヤスリをかけ、風合いを付ける。

一般のペンキはゴム材が含まれているため、5の工程で水を含ませても、ひび割れ効果が出にくいこともある。「ミルクペイントなら、ひび割れが出やすいのでおすすめです」

使用した植物：カレックス・ブロンズカール、小葉ヘデラ、銅葉ほうれん草（ルビーリーフ）

13.

留め具を付ける

エイジング加工した留め具を、箱の四隅に留め付ける。

14.

ビスにペンキを塗る

新しいビスの光沢が気になる場合は、ペンキを塗って風合いを出す。

15.

ワックスを塗る

ワックスを塗り込み、古びた風合いを出す。

完成！！

何気ないウッドボックスが、使い込まれたアンティークに大変身。

L字留め具のエイジング・テクニック

A.

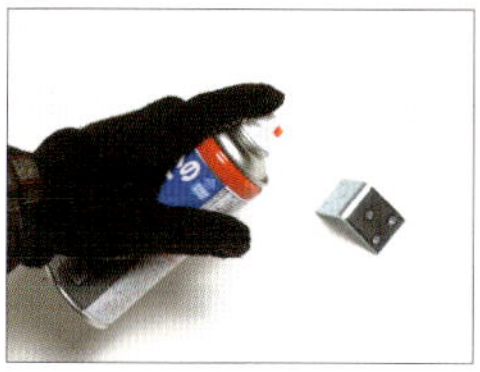

密着スプレーをかける

ペンキが定着するように、留め具の表面に密着スプレーをかける。

B.

石灰、水、黒のペンキを混ぜる

p.129の材料Aと同じものを作り、混ぜる。

L字型留め具のテクニックを応用

ブリキの器に密着スプレーを塗り、L字型留め具と同じ方法で全面に錆風のペイントを施すと、とても重厚な雰囲気に。ブリキでありながら、鉄の風合いが楽しめる。

C.

ベースとなる黒のペンキを塗る

留め具に石灰を加えた黒のペンキを塗り、乾かす

D.

赤、オレンジのペンキを塗る

筆先にペンキをつけ、色を置くように、チョンチョンと少しずつ塗る。

E.

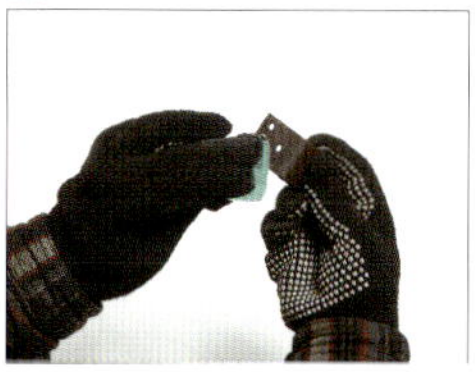

ヤスリをかける

乾いたら、ヤスリをかける。石灰のでこぼこ感がサビのように見える。

どんなものでも植木鉢になる

壊れた鍋ややかん、空き缶など、家のどこかにありそうなジャンクたち。
ゴミ箱行きにする前に、ベランダでもうひと働きさせてみませんか？
オリジナリティ溢れる、すてきな鉢に変身するかもしれません。

plastics container

プラスチック容器

「フロマージュブラン」が入っていたプラスチックケース。爽やかなデザインのパッケージは、リーフレタスのイメージにぴったり。
使用した植物：リーフレタス

empty can

スパイスの空き缶

シンプルなデザインと、はっきりした色合いがかわいい、パプリカパウダーの空き缶を利用。底には、キリで10カ所程度の穴を開けている。
使用した植物：スープセロリ

empty can

コーヒー缶

ターバンを巻いたアラビア人のイラストがかわいい缶入りコーヒー。缶のサイズが大きいので、背の高いマーガレットを合わせた。
使用した植物：マーガレット・キューティーマイス

rattan basket

籐かご

いただきもののフラワーアレンジメントの籐かご。取っ手が付いているので、高い位置から吊るすなどして、ディスプレイするのもすてき。

使用した植物：プリムラジュリアン

hemp bag

麻袋

麻袋は、濡れた土に触れ続けることで次第に傷んでくる。気になるようなら、植物をプラスチック鉢や穴を開けたレジ袋などに植え、麻袋は鉢カバー感覚で使用してみると良い。

使用した植物：スカビオサ

sifter

ふるい

100円ショップで購入した小さな粉ふるい。底が網状になっているため、気軽にそのまま使えるのがうれしい。

使用した植物：コーカサスキリンソウ・ドラゴンズブラッド

最大のポイントは水の管理 生活雑貨を鉢にするコツ

園芸用の植木鉢でない器で植物を育てる場合は、水の管理がポイントになります。空き缶のように、底へ穴を開けやすい器の場合は、キリで鉢穴を開けましょう。鍋や洗面器のように穴が開きにくい器は、無理に開けようとはせず、底に珪酸白土（根腐れ防止剤）を敷いて根腐れを防ぎます。水やりはこまめに少量ずつ与えると良いでしょう。

素材によっては、鉢穴を開けても水はけが悪いものもあります。その場合は、鉢底石を厚めに敷く、鉢穴の数を増やすなどして対処。植えた後は、土の表面が乾くまで、水やりを控えるようにしましょう。どんなものでも鉢になると思えば、家の中の物や店に並ぶ雑貨も鉢に見えてくるから不思議です。オリジナルのひと鉢を作って、ベランダに彩りを添えてみましょう！

coffee dripper

コーヒードリッパー

プラスチック製のコーヒードリッパーに、麻布を敷いてから土を投入。小さな容器を使う場合、乾燥しやすいので注意が必要になる。

使用した植物：イソレピス・ライブワイヤー

measure

枡

いかにも和テイストの枡にワイヤーハートを植えたところ、意外なかわいらしさと相性の良さにびっくり！　木の劣化が気になる場合は、防腐剤やオイルステインを塗っておくとよい。

使用した植物：ワイヤーハート

washbowl

洗面器

骨董市で手に入れた、ホーローの洗面器。その平たい形を利用して、寄せ植えを作成。鉢底に、珪酸白土を入れることを忘れずに。

使用した植物：スカビオサ、ヒューケラシトロネル、ブルーグラスエリムス、フォクスリータイム

toothbrush stand

歯ブラシスタンド

ホーロー製の歯ブラシスタンド。カップ上部に載せるフタ部分を、鉢受け台に見立てた。カップの縁が葉の色とぴったり。

使用した植物：ウンシニア・ルブラ

植物とのコーディネートが楽しい 遊び心で作る オリジナル・ポット

pan

お鍋

取っ手の取れた小サイズの雪平鍋。長年使用した風合いをそのまま生かして、ジャンクテイストの鉢に。サボテンを植えて、土は乾燥気味にキープ。

使用した植物：サボテン３種

bucket

TOY缶

キッチュなイラストが目を引く、小型のバケツ。器の個性が強い場合は、花物は避け、シンプルなグリーンを合わせてみてはいかがでしょう。

使用した植物：グニーユーカリ

empty can

紅茶の缶

ピンクの缶は鉢デビューしたばかり、グリーンの缶は、鉢として使いはじめて３年ほど経過したもの。色が褪め、錆びていく過程も楽しみたい。

使用した植物：多肉植物（朱蓮、銘月、ロンポピロサ、エケベリア、おぼろ月）

ベランダで植物を育てる
本当に必要な基本と応用を知ろう

ベランダでガーデニングを楽しむには、
植物を元気に生育させるためのノウハウが必要です。
しかし、植物を育てることは難しいことではありません。
まずは基本を頭に入れて、気軽に楽しんでみましょう。

part :1
植物を生育させるのに最初に知って おかなければならない植物というものについて

植物にはどんなものがあるか

一年草から宿根草、樹木まで
ライフサイクルで分類

植物は大きく分けて、草木と木本（もくほん）に分類できます。草木では一年草、多年草に分けられ、宿根草や球根植物は多年草の部類に入ります。木本、大きさや性質により低木、中木、高木、つる性、広葉樹と針葉樹、落葉樹と常緑樹などと、分類があり、利用面では庭木、花木、果樹に分けられます。

植物の生育サイクルを知る

自然のリズムに合わせた
それぞれの生育サイクル

植物の寿命はそれぞれ異なりますが、一年の中で生長、開花、休眠（枯死）というサイクルで生育しています。植物を育てるには、そのサイクルに合わせたケアが必要になってきます。

植物の生長カレンダー

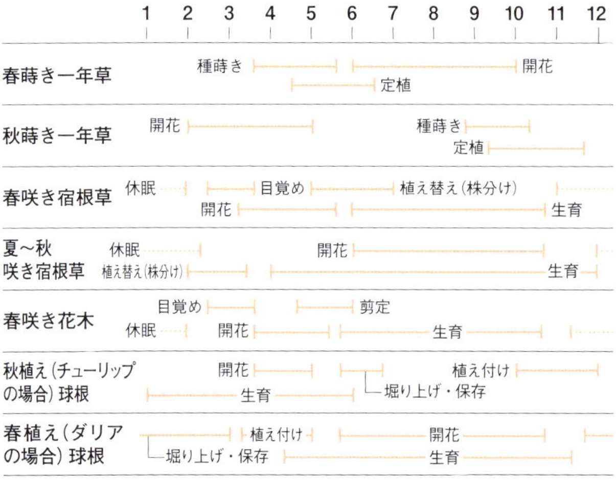

ベランダの環境と植物

光合成に欠かせない光と
養分を循環させ、体温調整をする水

植物が生きていくために欠かせない要素のうち、光と水は、まさに命の源。空気中の二酸化炭素と根から吸収した水を使い、光合成を行い、生育に必要な炭水化物を生成しています。多くの植物は日光が大好きですが、中には、半日陰や日陰を好む植物もあります。

植物の住処である培養土について

土は根を守る住居であり
水と栄養のストック場所

植物にとって良い土は、養分と水を十分に含み、水はけと通気性が良いもの。その条件を持つ土は、団粒構造をしています。これは土の粒子が集合して大きな粒となり、さらに大きな粒が集まった状態。団粒構造の土にするには、腐葉土や堆肥をたっぷり加え、耕すことが必要です。

植物の生長に必要な肥料

肥料は植物たちの食事にあたるもの
元気に育てるには不可欠

植物が生長し、花を咲かせるには、養分が必要です。中でもチッ素（N）、リン酸（P）、カリウム（K）は3大要素と呼ばれ、特に必要な要素です。また、このほかにカルシウムやマグネシウム、イオウの中量要素、鉄、マンガン、ホウ素、亜鉛、モリブデン、銅、塩素の微量要素も、植物の生育には欠かせません。植物の種類や生育サイクルに合わせた施肥を行います。

part：2
植物購入時の種や苗、植木鉢（コンテナ）の見分け方

苗の見分け方

茎ががっちりとした間伸びのない苗を選ぶ

良い苗とは、十分日光を浴びて健康に育ったもの。間伸びをしていない、葉に病害虫が発生していない、下葉が黄色くなっていない、茎がぐらついていない、病害虫が発生していない、などが挙げられます。写真のジュリアンでは間伸びした左が悪い苗、右が良い苗です。

悪い苗　良い苗

球根について

世代交代型と永年型球根のタイプは２通り

球根には２つのタイプがあります。１つはチューリップやクロッカスのような世代交代型の球根。このタイプは花が咲く頃、元の球根が小さくなり、左右に新しい球根が生長します。もうひとつはムスカリやスイセンなど、元の球根が大きくなる永年型の球根です。

世代交代型　永年型

チューリップ　クロッカス　ムスカリ

種の見分け方

それぞれの植物の特性に合わせて種蒔きはベストシーズンを逃さずに

植物を種から育てる場合は、種蒔きの時期を逃さずに蒔くことが大切です。春蒔きなら、夏に向けて気温が上がるため、種蒔きが１ヶ月遅れても生長は追いつきますが、秋蒔きは追いつけません。種袋の裏面に書かれている発芽温度や種蒔きの時期を確かめましょう。

ベランダ環境の違いによる植物選び

日当りが悪いベランダでもガーデニングは楽しめる

北向き、西向きのベランダは、ガーデニング向きではないかというとそうでもありません。直射日光が当たらなくても明るければいいので、西日でも一年草や多年草の花は咲きます。日当たりが悪いのであれば、耐陰性のある植物を選べば、楽しむことができるのです。

ベランダで使用する鉢について

バラエティ豊かな鉢から植物の特性に合わせて選ぶ

ひとことで鉢といっても素材や形、大きさなど、その種類はさまざまです。鉢を選ぶ際は、鉢の形や置き場所の雰囲気だけでなく、植物の種類や栽培条件を考慮することが大切。鉢の大きさは号であらわします。１号は口径が約３cm、５号になると約15cm です。

形のバリエーション

深鉢

口径よりも深さの方が長い鉢。長鉢、腰高鉢とも呼ぶ。

平鉢

深さが口径の半分の鉢。背丈が低く、横に張る植物に向いている。

スタンダード鉢

口径と深さがほぼ同じ鉢。一般的な形で、広く使われている。

ローボウル

深さが口径の半分から1/3の鉢。小型の植物や乾燥を好む植物向き。

スタンド鉢

スタンダード鉢や平鉢に台をつけたもの。アンティーク風な雰囲気。

長方形型

同じ種類の草花でボーダー花壇風にしてもすてき。野菜の栽培にも。

ハンギング鉢

ツル性植物や下垂性植物に向いている。壁や塀にかけるタイプもある。

素材のバリエーション

素焼き鉢

鉢としてはもっとも一般的。通気性、透水性が高い。重量は重い。

駄温鉢

素焼き鉢より高温で焼いた鉢。壊れにくく、縁に釉薬が塗られている。

プラスチック鉢

安価で軽量だが、やや通水性に欠ける。デザイン性の高いタイプもある。

樹脂製鉢

天然素材にも見えて、自然な風合い。装飾を施したタイプが多い。

陶器

重量は重いが、耐久性がある。室内で観葉植物用に使われることも多い。

木箱

温かみがあり、通気性や透水性が高い。耐久性はやや劣る。

モスポット

使い込むと苔むした雰囲気に。通気性、透水性が高いが乾燥しやすい。

バッグ

使用しないときは折り畳んで収納可能。野菜づくりに向いている。

土、プラスチックから樹脂製まで 鉢の素材はバラエティ豊か

鉢の素材が違えば、透水性、通気性、耐久性なども変わります。それぞれに長所があり、短所もあります。自分のベランダの雰囲気や、植物の特性に合わせた鉢を選ぶ必要があります。

種の良い管理・収納法

よく乾燥させておき 冷暗所での管理が必要

自分で育てた植物に種がついたら、乾燥させて封筒等に入れ、採取日や植物名を記入し、冷蔵庫（野菜室）で保管します。トレニアは1年、コスモスは2年、デージーは3年など、種にはそれぞれ寿命があるため、早めに使い切りましょう。

part：3 種や苗、球根の植え付け方

種から生長させる際のアドバイス

種の性質にあった蒔き方で 健全に発芽させる

種が発芽する条件のひとつは、水を切らさないこと。種は発芽するまで約10日かかります。この間は水を切らさないように気を付けます。中には、光がないと芽が出ない好光性種子、暗くないと出ない嫌光性種子があります。種袋の説明書をよく読みましょう。

上手な種蒔きのやり方

バラ蒔き、スジ蒔きなど 種の大きさで蒔き方は変わる

種の蒔き方はバラ蒔き、スジ蒔き、直蒔きがあります。小～中粒は、ピートバンを使ったバラ蒔き、中～大粒は育苗箱でのスジ蒔きに。大粒や直根性植物は直播きかポリポットに。ごく細かい場合は、種の中に増量剤替わりのバーミキュライトを混ぜて蒔くと、平均に散らすことができます。

ピートバンの場合【小粒の種のバラ蒔き】

1.

ピートバンの四隅の一カ所を切り、水を与えるの注ぎ口を作る。

2.

ピートバンには裏表がある、表面がざらついた右側は裏向き。

3.

1の注ぎ口から水を入れ、全体に水が回るまで待つ。右が水を含ませた状態。

4.

ふたつ折りにしたハガキに種を入れ、ピートバンの上に散らす。

5.

コーティングされた種は、1時間で溶ける。10日くらいで発芽する。

培養土の場合【中～大粒の種のスジ蒔き】

1.

育苗箱、鉢底石、種蒔き用の土を準備する。

2.

育苗箱に鉢底石を入れ、種蒔き用の土を加える。

3.

発芽には肥料は不要。肥料入りの培養土は使用しないようにする。

4.

育苗箱の外箱に水をたっぷり注ぐ。

5.

小粒の種は上から水を与えると流れるため、この時点で土に水を吸わせておく。

6.

外箱は、常に約1cm水を貯め、芽が出るまで上から水は与えない。

7.

はがきを半分に折り、中に種を入れ、すじ蒔きする。

8.

上から軽く土をかけて、種蒔き終了。本葉が2、3枚になったらポリポットに植え替える。

球根の良い管理・保存法

世代交代型と永年型で違う 開花後の球根管理法

チューリップやクロッカス（世代交代型）は、葉が黄色くなったら掘り上げてネットに入れ、風通しのよいところで乾燥。ムスカリやスイセン（永年型）は、葉が黄色くなったら水やりをやめ、そのまま置きます。2～3年経つと生長して込み合うため、分球します。

球根の植え付け方

1.

本来チューリップは球根の大きさと同じくらい間隔を開けるのが理想。

2.

1では花が咲いたとき見た目が淋しくなるので、この程度の密度で植えるとよい。

3.

上から土をかけ、鉢植えの場合は、表面から2～3cmの深さにする。

上手な球根の植え付け方

鉢植えと庭植えでは 深さを変えるようにする

一般的に植え付けの深さは、球根の高さの2倍必要ですが、鉢の場合は底に近くなるため、0.5倍の高さにします。チューリップは葉の伸びる向きが決まっているので、向きを揃えて植えると、生長した際、葉の向きが同じになります。

苗の上手な植え付け

花ものを中心にした苗を選び 季節感のある寄せ植えを作る

ここでは、コンテナでの寄せ植えについて説明しましょう。寄せ植えの場合、植物は、鉛筆状に伸びるもの、横の卵形、縦の卵形に伸びるもの、マット状に伸びるもの、アクセントとなるカラーリーフなど、苗を5種くらい用意します。植物を鉢に入れる前に、鉢の横で植え方の設計図を組み、完成後のイメージを作っておきます。

植木鉢

●好みの形の植木鉢を用意する。今回はローボウル鉢を用意。

培養土・鉢底石

●市販の培養土、鉢底石を使用。

花苗

●ストック、ヒューケラ、アリッサム、ビオラ、マーガレットを用意。

緩効性肥料

●効き目がゆっくりな、粒状の緩効性肥料。1～2ヶ月に1回追肥する。

液肥

●水溶性肥料は速効性がある。1～2週間に1回、ジョウロで与える。

材料

植え付け方-寄せ植え篇

1.

培養土に元肥となる緩効性肥料を入れる。

2.

1を良く混ぜる。元肥入り培養土なら、植え付け時点で加えなくてもよい。

3.

鉢の高さの1/6～1/5の高さになるよう鉢底石を入れる

4.

鉢の中に、2の培養土を入れる。

5.

培養土は鉢底石が隠れる程度に入れればよい。

6.

ポットから苗を出す。周りをよく揉んでから、苗を下向きにして出す。

7.

根がわずかに見える程度なら、崩さずに植える。上は根を崩す必要がある。

8.

ハサミで、根の下部分の1/4くらいを切り落とす。

9.

根を切ることで、新しく伸びる根は外に向かうため、生長できる。

10.

根が完全に回っている状態になっていたら、さらに根をほぐす。

11.

苗を仮置きし、位置の微調整をする。

12.

今後の生長を促すため、なるべく植物同士の間隔をあけて配置する。

13.

培養土を加える。特に中央は土を入れるのを忘れがちなので、気をつける

14.

一通り入れたら指で押し込むように抑えていく。

15.

培養土が鉢の縁と同じ高さになったら、鉢で床を軽く叩き、土を馴染ませる。

16.

培養土が鉢の縁から1cmほど下になっていたら完成。

17.

好みで、バークチップを土の上にのせる。

18.

緩効性肥料は、1～2ヶ月に1回のペースで与える。

part : 4
知っておきたい
日頃の管理の基本

上手な水やりのコツ

水は土が乾いたときに
たっぷりと与えるのがコツ

水やりは、植物の状態を見て与えるのがベストです。土が白く乾き、葉が少々しんなりしている状態が、水切れのサイン。鉢底から水が出るまでたっぷりと水を与えます。土の中の空気が入れ替わり、根の生長が良くなり、根腐れが防げます。

植物別

●保水性の高い多肉植物は、乾燥を好む傾向があるので、与える頻度を調整する。

季節別

●真夏は暑い日中を避け、朝夕に。冬は気温が上がる午前中に。

ベランダ特性での注意点

●環境によって変わるが、地植えよりも乾燥しがちの傾向がある。

上手な土の選び方

ベランダガーデンに合う
良質で再生率の高い培養土

各植物に合わせ、いろいろな用土を配合するのは大変です。一般的な草花を育てるには、市販の培養土が便利です。ただし、その質は価格に比例します。土のリサイクルを視野に入れているなら、質のよいものほど再生率も上がることを覚えておきましょう。

花と野菜の有機培養土

花から野菜まで、オールマイティーに使用可。PH調整、初期栄養素配合済みの有機質培養土。／P

かる〜い培養土／鉢底石

軽さと植物の育ちの良さを両立。ベランダガーデンやハンギングに向いている。／P

ベランダにおすすめの土

少しでも軽い土を使って
作業の負担を減らしたい

ベランダでは、鉢の重量が気になるところ。大鉢に植物や土を入れると、移動するのも大変です。少しでも作業を軽減するなら、なるべく軽量の用土を使うと良いでしょう。市販の培養土には軽く作られたものもあります。

肥料と栄養剤について

植物の生長には欠かせない
肥料の3大要素とは？

植物を元気に育てるには、肥料を欠かすことはできません。葉や茎を育てるチッ素（N）、花付きを良くするリン酸（P）、根の発育を促進するカリウム（K）は、肥料の3大要素と呼ばれ、特に重要な成分です。

肥料の効き方について

すぐに効果の現れる速効性肥料と
じっくり効き続ける緩効性肥料

肥料には自然界に由来する原料で作られた有機質肥料と、化学的に合成した化学質肥料があります。有機質肥料はゆっくりと効果が現れるのが特徴で、化学質肥料は、早く効果が現れる即効性肥料や緩効性肥料があります。

培養土

●数種類の用土を配合したもの。排水性、保水性などが調整済み。

赤玉土

●通気性、排水性、保肥性が高いポピュラーな用土。粒の大きさは多彩。

鹿沼土

●粒状の軽い土で、酸性。通気性、排水性、保水性に優れている。

腐葉土

●広葉樹の落ち葉を腐らせたもの。通気性、保水性、排水性に優れる。

バーミキュライト

●蛭石を高温で焼いた軽量の鉱物。保水性、保肥性に優れている。

ピートモス

●水苔が堆積し腐植化したもの。酸性が強く、保水性、通気性がよい。

軽石

●通気性、排水性に優れ、鉢底石に使われることも多い。

バークチップ

●樹木の皮の小片で、グランドカバーとして使われる素材。

肥料の種類

―配合の違い―

チッ素肥料

●葉や茎の生長を促す。油かすは菜種を絞り、出たかすを利用したもの。牛糞は乾燥されているため臭くない。

油かす

牛糞

リン酸肥料

骨粉

●花を咲かせる成分。動物の骨を砕いた骨粉、鶏糞、米ぬかなどがある。鶏糞は独特の臭いがある。

カリ質肥料

草木灰

●根の生長を促す。草木灰は、草木を燃やした後に残った灰や草木の汁、硫酸カリ、塩化カリなどを含む。

遅効性肥料

●長い期間かけてゆっくり効果が続くが、効果が出るのは遅い。油かす、牛糞、魚かす、鶏糞、骨粉、米ぬかなど。

ナチュラル系肥料について

●自然素材を中心に作り、溶けていく際に化学変化のしにくい材質で作られたもの

左：エコガーデン　バイオガード
右：野菜の液肥／H

―形態の違い―

有機質肥料

●大量要素成分を固形化した肥料。牛糞や鶏糞、骨粉、油かす、草木灰などを原料にしている。

化学質肥料

●化学的に合成、処理された肥料。無臭で扱いやすいので、ベランダ向きといえる。

速効性肥料

●定期的に月2〜3回与える。濃い濃度よりは、薄い濃度を何回も与えたほうがよい。

左：ハイポネックス　原液／H
右：花工場原液／S

緩効性肥料

●1〜3ヶ月で効果がなくなるので、説明書をよく読んで定期的に与える。

マイガーデン／S

活力剤について

●植物の活力を高めるために与える。生育が思わしくなかったり、株分けなどした時に、早く元気になるように用いる。調子が悪い時は、肥料でなく活力剤を与える。

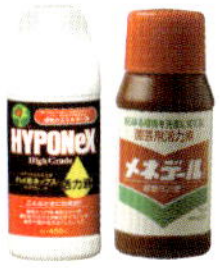

左：ハイグレード活力液／H
右：メネデール／M

肥料の上手な与え方

適した量と時期、方法で
植物の生長をサポート

植え付けの際の元肥、栄養不足を補う追肥、鉢土の上に置く置肥など、植物に肥料を与える際は、タイミングと量、方法を守ることが大切です。肥料が少なすぎても多すぎても、植物にとってはダメージになります。

元肥 ●植物を植え替える際、鉢の用土に施す肥料のこと。バランスの取れた緩効性肥料を使う。

追肥 ●植物の生長するにつれて失われる肥料を補うために施すもの。速効性のある液体肥料、緩効性の置肥がある。

化学質肥料の元肥は顆粒状や錠剤。有機質肥料は油かすや牛糞など
マガァンプFe／H

お礼肥 ●花木、果樹の開花期、果実の収穫後に施す肥料。栄養分が不足している状態を回復させる。主に即効性肥料。

寒肥 ●庭木や花木など、春の成長期に向けて、生長が止っている12～2月頃に施す肥料。主に有機質肥料を使う。

置肥 ●鉢土の表面に置く緩効性肥料。水やりの度に溶け、長期間効果が続く。植物に直接触れると肥料焼けを起こす。

固形肥料は植物に触れないよう、土の表面の鉢の縁に置く。
プロミック／H

土の再利用と処理の仕方

一度使った古い土を
フカフカでやわらかい土に

一度使った古土はゴミや根を取り除いて消毒すると、再利用できます。再生作業後は一度水をかけ、冬は天日干しで寒さにあて、夏は黒いビニールに入れて、蒸し風呂状態にして、殺菌殺虫します。

再生する土

再生する土は乾燥させておく。鉢をひっくり返し、土を取り出す。

1.

鉢底石はリサイクルできるので、可能な限り取る。

2.

土を崩しながら、根を取れるだけ取る。

3.

手でむしるだけで、こんなにたくさんの根が取れる。

4.

手で分類した根と、土の状態。土をふるいにかけていく。

5.

ふるいの目は一番細かいものを使う。ふるいに残った土が再生用。

6.

ふるっているときに出て来る根のくずも取り除く。

7.

ふるい終わり。左が再生用で、右は粉状になったため、破棄する土。

8.

再生用の土5に、新しい培養土2、腐葉土3の割合で加える。

9.

8を良く混ぜたら、再生土の完成。

part : 5
植物生育のための
上手な管理

こまめなケアを続けるだけで
植物は元気に大きく生長する

植物を元気に生育させるには、日頃のケアが必要です。摘心、花がら摘みなどといった日頃の作業をするかどうかで、株の生長や寿命は大きく変化します。コツさえつかめば、難しいことは何もありませんので、気付いたときに面倒をみると良いでしょう。

株づくり

●購入した苗が、3～4ヶ月花を咲かせる種類のものだったら、少しかわいそうですが、刈り込んでみましょう。そのとき咲いている花は切り、根を崩し、ひと回り大きな鉢に植え替えます。

1.

花は、すべて花茎の付け根部分から切り取る。

2.

2ヶ月後の状態。右は、購入後すぐに花を切り取り、根を崩し鉢上げしたもの。左は何もしなかったもの。

花がら摘み

●花が散って葉の上花びらが落ちたままになると、そこからカビが生えて病気になってしまいます。終わった花は、早めに摘み取ります。

1.

ビオラの場合は花びらに張りがなくなり、縁がカールし始めたら摘み時

2.

花びらだけを摘むと種ができてしまうため、茎からしっかり切り取る。

つるの誘引

つるは斜め上方向に誘引しましょう。気分によって右、左と誘引する方向を変えたり、ワイヤーに縫い付けるように誘引すると、後々つるが外せなくなってしまい、つるを折ってしまうこともあります。

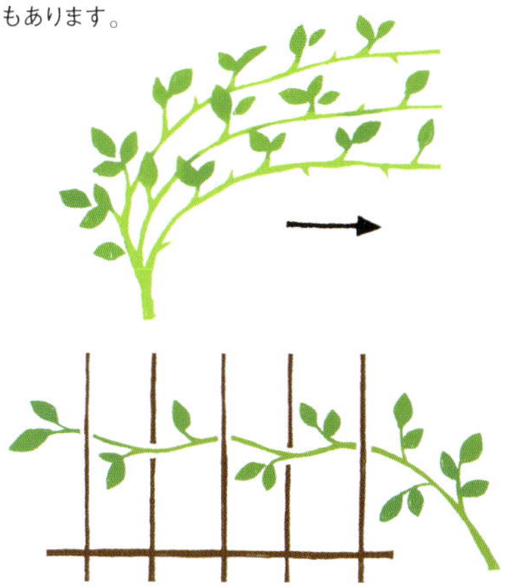

摘心

摘心とは、頂芽を摘み取ることをいいます。これをしておくことで、脇芽の生育が促され、側枝が大きく生長します。

1.

苗を購入したら、まだ株が小さいうちに、茎の頭の部分を切り落とす。

2.

頂芽を止めたことで、2～3本の脇芽が生長する。

切り戻し

思い切って短く刈り込んで、植物の姿を整えること。切り戻しをしないと、十分に咲かせないうちに終わってしまいますが、行うと、再びたくさんの花を咲かせます。

1.

花のピーク時の状態。萎み始めた花は、散る前に摘んでおく。

2.

花がら摘みをまめに行い、花のピークが過ぎた状態。まだつぼみは少し残っている。

3.

主枝を見て、株元に脇から出ている新芽が出ているかどうかをチェックする。

4.

新芽があったら、脇芽を残して、その上を切る。

5.

ほかの枝元もチェックして、脇芽を残し、上を切っていく。

6.

その株にまだいくつかつぼみがあり、少し余力があるときに切るのがコツ。

7.

切り戻しが終わったところ。さらに一回り大きな鉢に植え替えるとよい。

株分け

株分けは、大きく育った株をいくつかの株に分けること。株分けをしないと、株が老化し、風通しが悪くなり、花が咲きにくくなってしまいます。

1.

株分けするのは、2、3年植え替えしていないギボウシ。

2.

土を落として、根がどうやってつながっているか状態を確認する。

3.

土を落としたところ。

4.

まずは大きく切り分け、連結部で、根がぐらぐら動く所にハサミをいれる。

5.

2、3芽がひと単位になるように、切り分ける。

6.

無理して1つずつに切ると、株が弱ってしまう。左が1つになってしまった悪い例。

7.

株分けが終了。全部で7つに分けることができた。

芽かき

主枝を生長させるため、余分に出た芽を若いうちに摘み取り、形を整えたり、果実や花の生育を促したりすること。

part : 6

病害虫
予防＆対策

ガーデンで発生しやすい病気と害虫

まずは敵を知ることから！
毎日ケアをしながら病害虫をチェック

ベランダであっても、庭であっても、植物を育てていれば、病害虫は発生してしまうものです。日頃から良く観察をしておくこと、病害虫が発生したら、なるべく早く対処することが大事です。病害虫にはどんなものがあり、どんな症状が起こるのかを知っておくと、対策が早く打てます。

汁を吸う害虫

汁を吸われた株は、病気を誘発することも。害虫、病気を防除する薬剤が有効。

オルトラン粒剤、ベニカXファインスプレー、ベニカマイルドスプレー

アブラムシ

種類は非常に多く、あらゆる植物に寄生し、繁殖力旺盛。汁を吸い、ウイルス病を媒介、アリを誘引したりする。すす病の原因にも。

オルトラン粒剤、ベニカグリーンVスプレー、ベニカマイルドスプレー

コナジラミ

多くの草花やトマト、ナスなどの野菜に寄生。白い小さな虫が飛び交い、葉裏に寄生し、汁を吸うと葉緑素が抜ける。

ベニカグリーンVスプレー、ベニカXファインスプレー、ベニカマイルドスプレー

ハダニ

葉裏に寄生し汁を吸う。被害が進むと葉緑素が抜ける。極微小な虫だが、繁殖力が強く、薬剤への抵抗性がつきやすい。夏の高温乾燥を好む

ボルン、ベニカXファインスプレー

カイガラムシ

庭木や果樹などに寄生。排泄物によってすす病、こうやく病など誘発。5～7月の幼虫期の薬剤散布が非常に有効。

かかりやすい病気

殺菌剤が有効だが、病気の場合は、何よりも予防が大事。

ベニカグリーンVスプレー、ベニカXファインスプレー、ベニカマイルドスプレー

うどんこ病

若い葉や茎の表面に、うどん粉をまぶしたような白いカビが発生。広範囲の植物に一年中発生するが春から秋に多発。定期的な薬剤散布で予防。

ベニカグリーンVスプレー、ベニカXファインスプレー

黒星病

葉に黒い円形の斑紋が発生し、周辺が黄色に変色し落葉。落葉を繰り返すと枯死する。バラの最大の病気。定期的な薬剤散布で予防。

ベニカグリーンVスプレー、ベニカXスプレー

さび病

葉に小さなイボ状のものができ、薄皮が破れると、サビに似た胞子が飛ぶ。種類が多く発生時期も異なる。通気性を良くし薬剤散布で予防。

モスピラン・トップジンMスプレー、カリグリーン

灰色かび病

やや低温で多湿時に、多くの植物に発生。花弁、つぼみなど、特に花の被害が多い。繁殖力が強く、被害部は腐敗。早めの予防が有効だ。

ダコニール1000、モスピラン・トップジンMスプレー

褐斑病

葉に小さな褐色の斑点が現れ、短期間に大きく広がる。下葉から枯れ、枯死することも。多くの植物に発生する。定期的な薬剤散布で予防。

ダコニール1000、オーソサイド水和剤

斑点病

葉に小さな褐色の斑点が現れ、次第に大きく広がる。生育不良や落葉する。多くの植物に発生する。生育期間中に定期的な薬剤散布で予防。

ダコニール1000、オーソサイド水和剤

立枯病

発芽後すぐ、または定植後から生育初期に、茎の地際部分が侵され立ち枯れる。土壌伝染性の病気のため、連作を避け、排水を良くする。

ダコニール1000、オーソサイド水和剤

べと病

葉の表面に、汚れのような不規則な紋が生じ、次第に大きくなる。湿度の高い時期、密植する場所に多く発生。定期的な薬剤散布で予防。

モスピラン・トップジンMスプレー、オーソサイド水和剤

炭そ病

葉や茎、花、果実と発生箇所はさまざま。円形の病斑ができ、葉は古くなると落葉、果実は落下。被害株は早めに切り取り、薬剤散布で予防。

食害する害虫 ●葉や茎だけでなく、根を食害する害虫も。主に殺虫剤の散布で対処。

ベニカグリーンVスプレー、パイベニカスプレー

アオムシ

モンシロチョウなどの幼虫で、うぶ毛の生えた緑色。主にあぶらな科植物を食害。蝶がたくさん飛んでいるときに発生が多い。

ベニカグリーンVスプレー、ベニカXファインスプレー、ゼンターリ顆粒水和剤

ケムシの仲間

蝶や蛾の幼虫で、主に葉を食害。種類によって年数回発生することも。群生している幼虫期の防除が効果的だ。

ベニカグリーンVスプレー、ベニカXファインスプレー

ハバチ

ケムシと同じ形をしているが、ハチの仲間の幼虫。種類は多い。大発生して、葉を食い尽くすこともあるため、早期発見、早期防除が大切。

オルトラン粒剤、ベニカXファインスプレー、ゼンターリ顆粒水和剤

ヨトウムシ

昼間は株元に潜み、夜間に、草花やキャベツや白菜などを食い荒らす。発生は主に春と秋。誘引殺虫剤、長期間効果のある殺虫剤が有効。

デナポン5%ベイト、ダイアジノン粒剤3、ゼンターリ顆粒水和剤

ネキリムシ

主に苗の地際部の茎を切断する。昼間は土の中に潜んでいるため、退治が難しい。食べさせて退治する誘引殺虫剤が有効だ。

ダイアジノン粒剤3、オルトラン水和剤

コガネムシ

成虫は果樹、草花などの葉を網の目状になるまで食べ、幼虫は土中で根を食害する。成虫には定期的な薬剤散布、幼虫は植え付け前に防除。

スミチオン乳剤、パイベニカスプレー

テントウムシダマシ

28個の黒い紋を持つテントウムシ。ばれいしょ、ナス、トマトなどの葉肉を食害。春先から初秋まで発生。定期的な薬剤散布で防除。

デナポン5%ベイト、不快害虫粉剤

ダンゴムシ

床下など多少湿気がある場所に生息。植物の茎、葉、根を食害。誘引して食べさせて退治できる殺虫剤が効果的だ。

ナメトックス、NEWナメクジスプレー

ナメクジ

特に梅雨時に発生。夜間に活動し、花弁や若い葉を食害。光沢のある白い粘液の這った後が見られる。ナメクジ専門薬で退治。

不快害虫速効シャワー、不快害虫粉剤

ムカデ

森林の落葉の下、石垣の隙間などに生息し、昆虫などを捕食。かまれると激痛があり、腫れることもある。

不快害虫速効シャワー、不快害虫粉剤

ヤスデ

植物に直接害は与えないが、不快な感じを与える。生息地に薬剤を全面散布、または直接散布。

不快害虫速効シャワー、スパイダージェット

カメムシ

年に1～3回程度発生。触れると独特の悪臭を放つ。落ち葉の下、壁の隙間などで成虫のまま越冬。

病気が出やすい時期について

病気や害虫の発生は春先から
環境や日頃の手入れで発生率は変わる

病気や害虫が発生しやすくなるのは、春から秋にかけて。病気の原因の90%はカビ性によるもの。雨続きで日当たりが悪い梅雨時や、秋口は、特に病気が発生しやすい時期といえるでしょう。また、栽培環境や土壌がその植物に合わなかったり、管理が不十分になったりすると植物が弱り、病気や害虫が発生しやすくなります。

病気や害虫予防について

病気や害虫を引き寄せる
環境を作らないことが大切

病原菌や害虫を持ち込まないよう、購入時は健康な苗を選ぶことが大切です。また、ベランダの環境としては風通し、日当たり、排水を良くします。もともとの日当たり自体を変えることはできませんが、鉢を密集させず、余裕のある配置をしましょう。鉢に光が当たり、風通しも良くなることで、病気の発生を防ぎます。

もしも発生してしまったら

害虫は見つけ次第退治！
病気の場合はまずその部位を処分

アブラムシやカイガラムシなどは、箸でつまんだり、歯ブラシで落としたりして生息数を減らすことができます。しかし、気付いたときには虫は大量発生、病気が進行、という場合は、殺虫剤や殺菌剤で防除します。病気や害虫は、早期発見、早期防除が大切です。日頃から観察し、病気防除効果のある殺虫殺菌スプレーを施しておくのもひとつの手です。

p.138～147の商品は、P=プロトリーフ ガーデンアイランド玉川店、H=ハイポネックス、S=住友化学園芸

part : 7
ベランダガーデナーのための こだわり園芸疑問集

ベランダで植物を育てるうちに沸いてくる、あんな疑問、こんな疑問。
悩めるガーデナーのために、金子先生がアドバイス！

植物の生育について

植物を元気に育てるためのコツを知りましょう。

Q 葉の周りが茶色くなってしまいました。何が原因でしょうか？

A 葉先から病気が入ると、葉が枯れて茶色くなります。葉に水をかけすぎたのではないかと思いますので、葉水は毎日与えないように。季節や水を与える時間帯によっては、葉にたまった水滴が温まり、植物にストレスを与えます。葉がまだ若く柔らかい場合などは特に気を付けたほうがよいですね。葉が枯れ込むようであれば、殺菌剤を散布します。

Q 植物によって培養土のブレンドを変えたほうがいいですか？

A 特殊な物もあり、ブルーベリー、アザレアなど、ツツジ科の酸性土壌を好む植物は、市販の培養土に鹿沼土やピートモスを加えます。あじさいの花を赤くしたい場合は基本の培養土のまま、青くしたい場合は鹿沼土を加えます。クリスマスローズは水はけの良い土を好むため、軽石を足すという具合です。

Q 病気にかかったら、その部分だけを切れば、大丈夫でしょうか？

A 基本的には良くありません。病気になると、その部分だけではなく、周辺にも菌が飛んでいる場合があるので、症状が出ている部分だけ切っても、いずれ再発します。病気の原因のほとんどは、過湿と風通しの悪さによるもの。まずは病気にならない環境づくりが大事です。

Q ビオラにアブラムシがついたら、どんな処置が必要ですか？

A 薬剤には害虫に直接散布して使うタイプと、浸透移行性のタイプがあり、パンジーやビオラのアブラムシ退治には、浸透移行性タイプが向いています。土に撒いた薬剤が溶けて根から吸収し、植物全体に成分が回り、アブラムシが汁を吸うことで退治できます。直接散布する薬剤がパンジーやビオラのつぼみにかかると、花が傷みシミが出る場合があります。

浸透移行性の薬剤を施すと、2、3日でアブラムシは退治できますが、新たに繁殖させないよう、2週間後にもう一度散布することをお忘れなく。大量発生してしまい、退治しきれない場合は接触毒タイプの薬剤を散布します。用途や目的に応じて薬品を選びます。詳しくは薬品の説明書を見たり、園芸店の方に相談してみるのも良いでしょう。

Q ハンギングを長持ちさせるコツがあれば教えてください。

A 花がらや傷んだ葉は、まめに取るようにしてください。種はつけないなどのメンテナンスが大事。ハンギングの寄せ植えは何年も楽しむものではありません。3～4ヶ月後には作り直すくらいのペースで、春と秋のバージョンを楽しんだらいかがでしょう。

Q 宿根草の冬越しの方法を教えてください。

A 冬、地上部が枯れてしまった宿根草には、マルチングをします。宿根草は基本的には丈夫ですが、地上に近い部分は霜に当たると弱ってしまう場合があります。具体的には鉢ごと大きめのプランターまたは一回り大きめの鉢に入れて、腐葉土か藁なら3～5cm、土なら1～2cm被せます。ただし地上部が枯れているからといって、水やりは忘れないよう。3月くらいから、少しずつ被せた土や腐葉土を取り、外気温に慣らします。取るタイミングを逃すと、新芽がモヤシのようになるので注意しましょう。

Q クレマチス・モンタナが伸びすぎました。どうすればよいですか？

A モンタナは茎を伸ばさないと花が咲かないので、できれば伸ばしっぱなしにしてほしいです。もし切るのであれば、毎年花が終わったらすぐ、全体の1/3を残して切りましょう。モンタナは夏に生長したつるに翌年花が咲きます。花が終わってすぐの時期なら、どこで切ってもグンと強い新芽が生長し、翌年たくさん花を咲かせてくれます。時期が遅くなればなるほど、つるが太く生長できないため、花のつきが悪くなってしまいます。

Q 株分けしないほうがいい植物はありますか？

A 根の弱い植物は、株分けしてはいけません。代表的なものはチョコレートコスモスです。大株に育てた方が弱らなくて良いのですが、茂らせたくない場合は新芽を切り、枝の間隔をあけましょう。これで根を触ることなく、丈夫な株に育てることができます。クレマチスも根が弱いので、株分けはおすすめできません。

Q 多年草は最長どのくらい生き続けるのでしょうか。

A 草木性の植物で株が永年残るものを、多年草と呼びますが、一概に何年とは言えません。多年草の中には冬の間も常緑のもの、地上部だけ枯れるもの、地上部や根も枯死するものがあります。両方枯死するものは、１年で１サイクルを終えると、翌年はその根の周りに新しい株ができて、新世代に根が移行します。もちろん条件が悪ければ、多年草とはいえ１年で終わることがありますし、条件が良ければ５年、10年もつこともあります。

Q 綺麗に見える、つるバラの誘引の仕方を教えてください。

A 夏は植物の活動期ですので、誘因は冬に行います。夏はつるが少々邪魔になりますが、切らずに伸ばしておきましょう。そして12月後半から１月頃になったら、つるを立ち上がらせずに横に這わせながら誘引するといいでしょう。植物には茎の先端に近い芽ほど強く大きく伸びる、頂芽優性という性質があります。この性質を利用し、つるを平行、もしくは平行より高めに誘引してやれば、すべての芽が強くなり、翌年にはたくさん花を咲かせてくれます。

Q ヘデラの葉に白いものが付着しています。病気でしょうか？

A コナジラミや綿カイガラムシがついていると考えます。どちらも植物の樹液を吸って弱らせるので、物理的に取れるだけ取り、カイガラムシ用やコナジラミ用の薬剤をかけてください。コナジラミは水を嫌うので、水やりの際に葉裏に水をかけると逃げていきます。カイガラムシは風通しをよくして、ムレに気をつけると良いです。

Q 花に種がついたら、花が咲かなくなりました。

A どの植物も、種をつけると種に養分が回ってしまうため、花が咲かなくなってしまいます。もし種をとる目的がないのであれば、花が終わったらすぐに摘み、種をつけさせないようにします。園芸店で販売されている植物は、品種改良されているものが多いので、種を取って翌年蒔いても、花の色が悪くなる、株の大きさや形がバラバラになるなど、昨年と同じ性質が出る確率は低くなります。

Q 米のとぎ汁や卵の殻を土に加えるのは、いいものでしょうか？

A 米のとぎ汁を与えると、土が硬くなってしまうので、ときどき土をほぐしてやることが必要です。とぎ汁は有機物ですから、季節によっては発酵して地温が上がり、子バエなどの恰好の卵産み場になってしまうので、気温が高い真夏はおすすめできません。

卵の殻の場合は、殻をそのまま置いても、カルシウムは一向に溶け出しませんから、粉々に砕いて土に混ぜるとよいでしょう。卵の殻だけでは土が硬くなってしまうので、堆肥や腐葉土も一緒に加えましょう。

Q 観葉植物で、ベランダでも生育OKのものはありますか？

A 大半の観葉植物は、春から慣らすと夏は外でもOKです。サトイモ科のような半日陰を好む観葉植物は、ベランダでも半日陰になる場所に置くようにしてください。基本的に、室内よりは外の方が自然に近いので、植物の生育は良くなり、紫外線に当てることで丈夫にもなります。雨を当ててやるのもよいのですが、雨の後に強い日が当たると、葉焼けしてしまうので出すタイミングは気をつけて。寒さに弱いので、秋になったら室内に取り込んでください。

Q 寄せ植えに向かない植物はありますか？　また、組み合わせない方がいい植物はありますか？

A 基本的に寄せ植えに向かない植物というのはなく、性質の似た植物同士で合わせるとうまくいきます。例えば冬ならばゴールドクレスト、ポインセチア、シクラメン等を寄せ植えすることが多いですが、それぞれの原産国はアメリカ、メキシコ、ヨーロッパとバラバラ。気候が異なる国々の植物は、一つの鉢の中で育ちませんので、花の旬が過ぎたら別々に育てた方が良いですね。原産地を知ることは、寄せ植えを上手にまとめる基本といっても良いでしょう。ただ、園芸店に並ぶ植物は、季節ごとに似た性質を持っていることが多いので、それほど神経質にならなくても良いでしょう。

Q 泥はね防止に苔を購入しましたが、根づかず枯れてしまいます。

A ドロはね防止に苔を使うことは良いことですが、苔は非常に神経質な植物です。生育に適した場所なら何もしなくても育ちますが、適さない場所ではどんなことをしても育ちません。苔にも様々な種類があり、性質も異なります。育てるのはかなり難しいと考えておきましょう。苔が元気に生育しているということは、常に土が湿っているということです。植物にとって、そのような過湿状態は決してよい環境とはいえません。泥はねを避けたい、土を隠したいのであれば、苔よりもバークチップなどを使う方がおすすめです。

Q ベランダのヘンリーヅタが、紅葉しないまま枯れてしまいました。何がいけなかったのでしょう？

A 基本的にヘンリーヅタは秋になるときれいに紅葉し、その後落葉しますが、昼と夜の温度差がはっきりしないと、美しく紅葉しません。ベランダでいえば、窓際で室内のぬくもりが伝わる、ひさしがあって夜露が当たらない、といった環境では、色づきが悪くなります。また斑入りの品種は紅葉しにくいものです。

Q どんな植物も挿し木はできるのでしょうか？

A できるものとできないものがあります。例えばクリスマスローズは株分けができますが、挿し木はできません。また、モミジのような樹木は、品種によって、極端に発根率が高いものと低いものがあります。根のつきにくい種類を挿す場合は、発根促進剤を施すと発根率が多少高くなります。まずは調べてから行ってみてください。

Q 球根植物が好きですが、生長するまでの間、一緒に植えるおすすめの植物はありますか？

A ムスカリやチューリップと一緒に植えるならパンジー、デージーなど、春の草花がおすすめです。一緒に植えておけば水やりを忘れることもありませんし、地上部も賑やかになります。草花を植える際は購入したときのポットより一回り大きなポットに植え替え、そのまま球根の鉢に植えるのがおすすめです。球根植物が生長して花が邪魔になったら、ポットごと外して他の鉢に植え替えることができます。ただし、それぞれが生長したときの背丈や大きさのバランスは考えて植えるようにしましょう。

Q ブリキや鉄製の入れ物に植物を植えていますが、錆などの成分は、悪影響はありませんか？

A まったく影響がないとは言い切れませんが、短期間であれば、錆の成分で植物が傷むことは少ないのではないでしょうか。ただ、ブリキに直植えすると腐食しやすいので、あらかじめ中にラップを敷いたりして、ブリキの入れ物は鉢カバーとして使ってみてはいかがでしょう。また、ブリキの器は鉢底穴がない場合が多いので、自分で穴を開けるか、根腐れ防止剤を使うなどの工夫が必要でしょう。

Q 果樹の場合、実をつけやすくする肥料のやり方はありますか？

A 果実に肥料を与える時期は3回あります。生長のための肥料を6～7月、花芽を分化させるための肥料を10～11月、春、芽を出させるための肥料を12～1月。特に大事なのは10～11月の肥料です。花芽を育てる時期ですので、リン酸の多い肥料を与えます。そして果実の場合は、化学肥料よりも有機肥料がおすすめです。有機肥料にはチッ素、リン酸、カリの主要成分の他に、微量要素やアミノ酸などの“隠し味”が入っているので、果実が甘くなったり、コクが出たりして、味がよくなります。最近は匂いの少ない有機肥料もありますので、ベランダではそういったものを使ってみると良いですね。

Q 徒長してしまった植物の手入れとはどうしたらいいでしょうか。

A 徒長してしまった植物は、ひとつひとつの細胞が大きくなりすぎている状態で、見た目は大きいのですが、病気に弱くなっています。見た目もだらしないため、徒長した部分を刈り込み、株をリセットするのが一番です。

Q すでに実がなっている苗を購入した場合、鉢で生育して翌年も実がなりますか？

A なりますが、園芸店で売られている物の大半は根詰まりしていることが多いので、購入後は適期に応じて、一回り大きな鉢に植え替えてください。植物は何のために花や実をつけるかというと、子孫を残すためです。根詰まりしていると植物は生命の危機を感じて花や実を付けやすいのですが、根がいっぱいのことが多いので、植え替えが必要です。しかし早く生長させたいからといって、いきなり大きな鉢に植えると、植物は危機感をなくし、根と幹ばかりが生長してしまうため、2～3年は花も実もつけなくなってしまうことがあります。

Q 花をたくさん、長く咲かせるには、市販の「花用肥料」が絶対に必要でしょうか。

A そんなことはありません。例えば山野草に肥料をたくさん与えてしまうと、大きくなりすぎてしまい、本来の姿を失ってしまいます。品種改良された、園芸種の花をたくさん咲かせるには、花芽分化が始まる時期に、リン酸を多く含む肥料を与えます。市販の肥料には、チッ素、リン酸、カリの成分比率が記されていますので、真ん中の数字が大きいものを選びます。

Q 樹木にカイガラムシなどが付いたり、うどんこ病になった場合は処分するしかないのでしょうか。

A 初期の段階なら、物理的に取れるだけ取りましょう。そして風通しのよい所に置き、適した時期と量の水を与えるようにしましょう。もちろんそれだけでゼロになることはありませんので、見つけ次第取り、必要に応じて適応性のある薬剤を散布しましょう。

Q 宿根草の育て方や殖やし方は、地植えの場合と同じですか？

A 殖し方に関しては同じです。鉢植えの場合は土が乾きやすいので、地植えよりまめに水を与え、メンテナンスをしっかりしましょう。鉢植えは移動しやすいという利点もあるので、季節や天気に応じてまめに位置を変えましょう。

ベランダ環境でのことについて

ベランダならではの悩みを解決します。

Q 植木鉢にすぐにカビが生えますが、そのままで大丈夫ですか？

A 問題はおそらくありませんが、見た目が悪いので、まめにタワシなどで取り除きましょう。素焼き鉢の場合は、カビではなく、土の中のカルシウム分が表面に出て白くなることもあるようです。その場合も気になるようでしたら物理的に取るようにしましょう。

Q 生ゴミ処理機でできた堆肥はそのままベランダで使えますか？

A 自分の家で出したゴミを再利用するというのはとてもよいことです。ただし、何でも生ゴミがということではなく、しっかりと材料を考えてから作りたいものです。使用する場合は培養土に3割くらい堆肥を足して使ってみたらいかがでしょう。

監修してくれたのは

金子明人さん

東京農業大学農学部卒業。幼少の頃より園芸に親しみ、実際園芸をポリシーに植物の栽培、研究を行う。NHK番組『趣味の園芸』で長年講師を務め、『趣味の園芸』『園芸ガイド』などに執筆する。わかりやすい解説として人気がある。英国王立園芸協会、アメリカロックガーデン協会をはじめ、クレマチス関係の顧問、理事などを兼任する。グリーンアドバイザー。著書多数。

協力してくれたのは

株式会社ハイポネックス
〒532-0003　大阪市淀川区宮原4-1-9 新大阪フロントビル11階
商品の問合わせ先：tel.06-6396-1119
受付時間：月～金曜 10:00～16:00
http://www.hyponex.co.jp/

住友化学園芸株式会社（p.146～147監修）
〒103-0023　東京都中央区日本橋本町2-1-7
商品の問合わせ先：tel.03-3270-9695
受付時間：月～金曜 9:30～12:00、13:00～16:30
http://www.sc-engei.co.jp

プロトリーフ ガーデンアイランド玉川店
〒158-0095 東京都世田谷区瀬田2-32-14
玉川高島屋S・C　ガーデンアイランド1F・2F
商品の問合わせ先：tel.03-5716-8787

こだわりの園芸ショップガイド

おしゃれな園芸店選びは、すてきなベランダ作りの第一歩。
園芸店と雑貨店、そして話題の移動販売車ショップをご紹介します。

関東　east

Green Rose Garden

ナチュラルな寄せ植えが人気

　トラックの荷台を開けると、ナチュラルな雰囲気の寄せ植えが満載。「Green Rose Garden」は、グリーンアドバイザーの山元和実さんが2009年にはじめた店。主に関東で行われるフリーマーケットや、イベントに参加している。扱うのは、季節の花の寄せ植えや花苗、リース、ガーデン雑貨、アンティーク雑貨など。出張の寄せ植え教室やアレンジメント教室も随時受け付けるほか、ベランダガーデンデザインやディスプレイ、植物のスタイリングも行っている。

shop data

営業日：不定期
mail：kazumi-yamamoto@k9.dion.ne.jp
greenrosegarden.web.fc2.com/

関西　west

vert de gris flower

トラックとカフェで出合うグリ・ワールド

グリさんこと古川さやかさんは、移動販売車「vert de gris flower」の店主。主に関西・中国地方で開かれるイベントを中心に移動販売車“グリトラック”で参加し、植物とナチュラルな雰囲気のガーデン雑貨を販売している。また、木津川市にあるアトリエでは、フラワーアレンジメントの教室が開かれ、土曜日限定で「gri café」をオープン。ドリンクや軽食が楽しめるほか、子供用家具なども販売している。フラワーアレンジメントギフトのオーダーも可能。

shop data

〒619-0214　京都府木津川市市坂高座12-10
電話番号：0774-71-3505
営業時間：11:00～18:00（cafe）
定休日：木曜
gris.xrea.jp/

東京　tokyo

草／花　明るい部屋

花と植物に包まれる暮らし

「現代の花鳥風月」をテーマに、植物をモチーフにした生活スタイルを提案。店内には、季節の生花や他店では見かけない個性的な植物が並び、ひとつひとつ見ていると時が経つのを忘れてしまいそう。店主・木咲豊さんによる盆栽や生花のアレンジメントはプレゼントにも最適。

shop data

〒141-0031　東京都品川区西五反田2-15-2
電話番号：03-3491-5030
営業時間：10:00～20:00
定休日：日曜
mail：info@akaruiheya.com
www.akaruiheya.com

東京　tokyo

toolbox西麻布

選りすぐりの道具が人気

ガーデニングの本場であるイギリスを中心に、ヨーロッパ各国から輸入したガーデンツール、ウエア、プランターを扱っている。「HAWS」、「Bradley's」など、機能美と使いやすさを備えた、上質な道具を手に入れたいときにおすすめの店だ。ほかでは見たことがない物に出合える。

shop data

〒106-0031 東京都港区西麻布1-15-4 田中ビル1階
電話番号：03-6411-5689
営業時間：平日10:00～19:00　日曜12:00～18:00
定休日：水曜、祝日
mail：takahashi@egadesign.co.jp
www.rakuten.co.jp/toolbox/index.html

東京　tokyo

PANCOW BOTANY

個性派の植物が揃う

１階はキッチン用品や家具など生活アイテム、２階ではサボテンや多肉植物、観葉植物など100種類以上の植物が並ぶ。ガーデン用品や鉢もあり、鉢は海外からの直輸入物がメイン。どんな空間にも馴染むシンプルな形のセレクトと豊富なサイズ展開はトータルコーディネート時に重宝する。

shop data

〒106-0031　東京都世田谷区深沢4-8-13
電話番号：03-5758-7566
営業時間：11:00～20:00
定休日：無休
mail：mail@pancow.com
www.pancow.com

東京　tokyo

ル・ベスベ

美しい花束にうっとり！

人気フラワーコーディネーターの髙橋郁代さんの生花店。季節を感じさせるナチュラルなフラワーアレンジは、大切な人へのプレゼントにぴったりだ。店頭には草花やハーブの苗もあり、自然な雰囲気のコーディネートは、ガーデン・ディスプレイの参考にもなる。

shop data

〒107-0062　東京都港区南青山7-9-3
電話番号：03-5469-5438
営業時間：11:00～18:00
定休日：火曜
www.levesuve.com

東京　tokyo

プロトリーフ

都内最大級の園芸店

東京都内では最大級の規模を誇るショップ。植物の苗や観葉植物、ガーデニング用品からオリジナルの培養土まで、幅広い品揃えに、各分野の専門家による園芸セミナー、各種植物のフェアなど、毎月さまざまなイベントを開催。ガーデン施工も行い、店内には相談窓口がある。

shop data

〒158-0095　東京都世田谷区瀬田2-32-14
玉川高島屋S･C ガーデンアイランド1F･2F
電話番号：03-5716-8787
営業時間：10:00～20:00
定休日：無休（元日のみ）
www.protoleaf.com

神奈川　kanagawa

BHS around

美しき仏アンティークたち

東京・自由が丘の人気アンティークショップ「ブロカント」の倉庫が、共同アトリエとして、週末と祝日のみオープン。オーナーがフランスで入手した大型アンティーク家具や食器、ガーデン雑貨がセンス良くディスプレイされている。センスアップのヒントが得られるはず。

shop data

〒224-0033　神奈川県横浜市都筑区茅ヶ崎東5-6-14
電話番号：045-941-0029
営業時間：12:00～18:00
営業日：土日曜・祝日のみ
mail：bhsaround@ybb.ne.jp
brocante-jp.biz/index.html

神奈川　kanagawa

Colors

ジャンク&ラスティックな雑貨

アメリカや東欧のアンティーク家具や雑貨、キッチン雑貨など、充実の品揃えが魅力。ガーデン用品も豊富で、陶器やブリキのポット、オーナメントなど、ベランダガーデンにぴったりなグッズが多数。デザインや植え込みなど、ガーデン施工も受注。インターネットでの購入も可能。

shop data

〒213-0002　神奈川県川崎市高津区二子1-10-2
電話番号：044-814-1049
営業時間：10:00～17:00
定休日：水曜
mail：info@shinko-colors.co.jp
www.rakuten.ne.jp/gold/junkcolors/shop/shop.html

神奈川　kanagawa

Haoto

こだわりの苗をセレクト

ちょっぴり珍しい品種や品質の良い花苗など、オーナーおすすめの植物をセレクト。ガーデニング初心者には土の選び方や植物の育て方など、園芸の基本を教えてくれるのがうれしい。小品盆栽の種類も豊富で、月に一度、盆栽教室を開催。オリジナル培養土の販売も行っている。

shop data

〒252-0245　神奈川県相模原市中央区田名塩田3-11-7
電話番号：042-850-1880
営業時間：10:00～17:30
定休日：月、木曜（2011.7～）
mail：info@haoto-garden.com
www.haoto-garden.com/index.html

神奈川　kanagawa

ヨネヤマプランテイション

トータルな品揃えが自慢

庭木から果樹苗、季節の花苗、観葉植物、ハーブ、ガーデン用品など、ガーデニング初心者から上級者まで満足するトータルな品揃え。寄せ植えやハンギングバスケット講座ほか、初心者向けの無料講習会も開催。本店以外に「ザ・ガーデン」として港北NT店、多摩店など6店舗がある。

shop data

〒223-0057　神奈川県横浜市港北区新羽町2582
電話番号：045-541-4187
営業時間：9:30～19:00
定休日：元日のみ
mail：info@yoneyama-pt.co.jp
www.yoneyama-pt.co.jp/thegarden/index.html

愛知 aichi

PEU・CONNU

ハイセンスな穴場ショップ

商店街から外れた裏通りに佇む店には、生花や花苗、観葉植物のほか、オーナーがフランスなどで集めた古道具が並ぶ。ジャンクな雑貨と植物とのハイセンスな組み合わせは、ディスプレイの参考にもなる。月２回のフラワーアレンジメント教室は、順番待ちになるほどの人気。

shop data

〒460-0011　愛知県名古屋市中区大須2-26-19
電話番号：052-222-8744
営業時間：10:00～20:00
定休日：日曜
mail：info@peu-connu.net
www.peu-connu.net

大阪 osaka

mon dimanche

庭作りのヒントがいっぱい

店内のディスプレイ台やテラスは、オーナーとスタッフの手作り。こだわって選んだ個性派植物が多く、育て方のアドバイスもしてくれる。カラフルなオリジナル鉢の販売やディスプレイの提案なども あり、見ているだけでワクワク気分に。鉢花の寄せ植え、庭のアレンジ依頼も可。

shop data

〒581-0845　大阪府八尾市上之島町北5-32-1
電話番号：072-992-3580
営業時間：10:30～18:00
定休日：不定休
mondimanche.petit.cc
http://shop.mon-dimanche.com/

埼玉　saitama

フローラ黒田園芸

ガーデナー憧れの人気店

もともと花卉の生産者だけに、苗の品質の高さには定評がある。敷地内には季節の植物を使った寄せ植えや、ディスプレイの実例が飾られ、訪れるたびに新しい発見ができる。毎月さまざまなテーマで行われる寄せ植え教室も人気が高く、遠方から訪れる常連客も多い。

shop data

〒338-0007　埼玉県さいたま市中央区円阿弥1-3-9
電話番号：048-853-4547
営業時間：9:00～18:30
定休日：なし、正月休み（1月1日～4日）
mail：flora.engei@gmail.com
http://members3.jcom.home.ne.jp/flora/

愛知　aichi

アトリエkunugi

隠れ家的なガーデンショップ

オープンは20年前。フランスの片田舎をイメージした一軒家に、季節の草花や観葉植物、寄せ植え、英国をはじめ、各国のガーデン雑貨やインテリア雑貨、照明器具などを集めたショップ。カフェも併設し、ティータイムが楽しめる。出張しての植え込みも行う。

shop data

〒480-1121　愛知県愛知郡長久手町武蔵塚1303
電話番号：0561-63-6445
営業時間：10:00～18:00
定休日：水曜
mail：kunugi@trust.ocn.ne.jp
www5.ocn.ne.jp/~kunugi/

大阪　osaka

グリーンプラザイノウエ

手頃な値段と豊富な品揃え

ガーデン雑貨が充実した園芸店。店内には、ブリキや素焼きのポット、オーナメント、ホーロー製品、サインプレート、ガーデニングツール、アンティーク雑貨などが所狭しと並ぶ。ブリキ製品や木製品を購入すると、底の穴開けや鉢底ネットをつけるサービスを無料で行っている。

shop data

〒590-0153　大阪府堺市南区大庭寺839-1
電話番号：072-293-8002
営業時間：9:00～18:00
定休日：月曜
mail：info@flower-inoue.co.jp
www.flower-inoue.co.jp

大阪　osaka

レヴ・クチュール

抜群のセンスに脱帽！

インテリアや庭、ベランダのコーディネートを手がける吉村みゆきさんのショップ。小さな店内には、フランスのアンティークや、1点ものの雑貨とともに、個性あふれる植物が美しく飾られ、独自の世界を展開。生花やプリザーブドフラワーのアレンジやリースのレッスンも開催。

shop data

〒570-0046　大阪府守口市南寺方北通2-1-2
電話番号：06-6991-3093
営業時間：11:00〜18:00
定休日：木・日曜、祝日、不定休あり
mail：webmaster@revecouture.com
www.revecouture.com

徳島　tokushima

Pemk

アイディア豊富な人気店

生花のアレンジを中心に、鉢植え植物、ガーデン雑貨を扱う、ナチュラルな雰囲気の店。フラワーアレンジのワークショップや親子で楽しむレッスンなど、楽しいイベントが盛りだくさん。また、「ガラス展」や「かごバッグ展」など、毎月テーマを変えて展示するコーナーもある。

shop data

〒770-8053　徳島市沖浜2-42
電話番号：088-624-0261
営業時間：10:00〜20:00
定休日：水曜
mail：flower-works-pemk@r7.dion.ne.jp
www.pemk.net

徳島　tokushima

plus gardens shop

カラフルで刺激的な雑貨たち

植物の苗やガーデングッズはもちろん、ドライフラワー、アンティーク家具、エキゾチックな雰囲気のモロッコ製インテリアグッズなど、カラフルでおしゃれな雑貨が充実。ファッションアイテムもあり、ガーデンに留まらず、ライフスタイルを満喫するための刺激を与えてくれる。

shop data

〒779-3224　徳島県名西郡石井町高川原字加茂野125-2
電話番号：088-674-8168
営業時間：11:00〜18:00
定休日：火曜、第2・4木曜
mail：plus@plusgardens.com
www.rakuten.co.jp/plusgardens/

撮影・取材・文
平沢千秋 Chiaki Hirasawa
東京都生まれ。空調設備会社、古着店、デザイン事務所勤務を経て、フリーランスのライター兼フォトグラファーとして独立。雑誌を中心に活動。極小ベランダで、植物の栽培と空間作りに奮闘するベランダガーデナーでもある。

装幀・本文デザイン：白畠かおり
本文デザイン：佐々木千代（双葉七十四）
間取り図制作・イラスト：あさひなこり
イラスト：寧子
編集：篠谷晴美

狭《せま》さを生《い》かした庭《にわ》づくり
ベランダガーデニング ベストガイド
Veranda gardening best guide

2010年5月25日 初版第1刷発行
2010年7月15日 初版第2刷発行
2011年7月15日 初版第3刷発行
2012年2月15日 初版第4刷発行
2014年4月15日 初版第5刷発行

編 者 グラフィック社編集部 ©
発行者 久世利郎
発行所 株式会社グラフィック社
〒102-0073 東京都千代田区九段北1丁目14番17号
郵便振替 00130-6-114345
http://www.graphicsha.co.jp

印刷・製本 図書印刷株式会社

【この本のお問い合わせ先】
編集代表：tel.03-3263-4579
業務代表：tel.03-3263-4318

Printed in Japan
ISBN978-4-7661-2132-2 C2077